Generis

PUBLISHING

L'Ontologie de la Vie :

Le discours métaphysique sur la vie à partir de E. Husserl, M. Heidegger et Michel Henry

Dieudonné MBIRIBINDI, SJ

CIP a Camerei Naţionale a Cărţii

Mbiribindi, Dieudonné.

L'Ontologie de la Vie: Le discours métaphysique sur la vie à partir de E. Husserl, M. Heidegger et Michel Henry / Dieudonné Mbiribindi. – Chişinău : Generis Publishing (Online Marketing Group), 2020 (Print on demand). – 141 p.

Referinţe bibliogr.: p. 133-139 şi în subsol.

ISBN 978-9975-4172-8-0.

111

M 53

Cover image: www.pixabay.com

Generis Publishing
Online orders: www.generis-publishing.com
Orders by email: info@generis-publishing.com

Epilogue

*« La communauté est une nappe affective souterraine, chacun y boit la même eau
à cette source et à ce puits qu'il est lui-même »*

(M. HENRY)

„Sagen Sie mir, wie Sie lesen, und ich sage Ihnen, wer Sie sind.“

(Martin Heidegger)

*« Ce que tu mets des années à construire, peut être détruit du jour au lendemain,
mais construis tout de même »*

(Mère Theresa de Calcutta)

*« La vie est comme une phrase dont on ne comprend le sens que lorsque le dernier
mot est placé : la mort »*

(Monseigneur MUNZIHIRWA, SJ)

AVANT-PROPOS

Je tiens de prime abord, à préciser la proto-genèse qui préside à ce livre. Au fond, l'idée d'élaborer une réflexion sur l'onto-phénoménologie de la vie est issue des séminaires et des cours que j'ai suivis à la faculté de philosophie Saint-Pierre Canisius de Kimwenza, en République Démocratique du Congo. C'est plus précisément lors des échanges avec le professeur Abbé Jean Chrysostome AKENDA dans ses commentaires de l'onto-phénoménologie, et, quelques semaines après, durant le séminaire sur Hegel, animé par le Professeur KINYONGO, que je vis s'éclairer tout doucement la problématique qui est l'épicentre de cette publication. Les deux inspirateurs, chacun à sa manière, ont, peut-être sans s'en rendre compte, éveillé en moi le goût d'une philosophie à la fois spéculative et concrète. Je tiens ainsi à leur exprimer toute ma gratitude.

Le sujet autour duquel gravite cette étude, s'appuie sur les intuitions de Michel Henry, un phénoménologue français du vingtième siècle. C'est le Père Simon DECLOUX, SJ ancien professeur de notre faculté qui, habituellement, donnait un cours à option sur Michel Henry pour les étudiants de licence, qui a suscité en moi l'élan de cette réflexion sur la phénoménologie de la vie. J'étais donc résolu de le suivre avec beaucoup d'intérêts. Fort malheureusement, suite aux problèmes de santé, il a été contraint de rentrer en Belgique et le cours fut ainsi annulé. Pour lui rendre hommage, j'ai donc décidé de continuer la recherche et de lui dédier ces réflexions en signe de reconnaissance pour la présence en lui, d'une vie qui semblait manifester une essence et une transcendance originelle.

Certes, l'idée directrice de cette enquête émane des échanges fortuits de la vie ainsi que les rencontres providentielles. Mais, il reste que sa systématisation doit énormément aux observations pertinentes que les collègues de ma promotion ont formulées aux carrefours des discussions rationnelles et raisonnables, dans un cercle restreint animé par le Père Cyprien BANGILA, SJ. Je les remercie vivement pour leurs critiques compréhensives et leurs stimulantes remarques. Je remercie plus encore le Père Yannick ESSENGUE, SJ pour le chemin parcouru ensemble à la recherche de l'Etre qui se donne en toute libéralité et en toute gratuité. Je remercie aussi le Père Alain GOURANI, Sj qui, généreusement, a accepté de lire le texte définitif et d'y apporter quelques corrections de forme.

Je reste redevable à l'accompagnement du Père LENTIAMPA, SJ qui m'a beaucoup guidé en termes de planification et qui m'a fort aiguillonné, en me rappelant inlassablement les points sur lesquels il me fallait être attentif pour arriver à un travail scientifique, méthodique, personnel et systématique. Je tiens également

8

à lui rendre hommage pour sa confiance à mes cogitations philosophiques contenues dans ces pages, surtout pour la liberté de penser qu'il m'a offert, signe de la « reconnaissance mutuelle », et horizon d'une « justice philosophique ». Je suis aussi redevable au Père Achille BUNDANGANDU, SJ que je remercie pour ses stimulantes observations et sa disponibilité inconditionnée. En réalité, il avait manifesté beaucoup de promptitudes et de générosités pour corriger le texte brouillon. Il trouvera dans ces lignes les traces de ses suggestions correctives.

Sur mon cheminement philosophique, j'ai rencontré les maîtres, les guides et les inspirateurs que je ne peux oublier de remercier pour leurs sollicitudes intellectuelles. Je pense ici aux Professeurs Christian Kanzian et Jozef Niewiadomski, tous professeurs à l'université de Innsbruck en Autriche.

Enfin, je voudrais, sans prétendre à l'exhaustivité et sans jeter un « voile d'ignorance » en face de tant d'aides reçues, rendre un discret hommage aux étudiants jésuites de la première année de philosophie à Saint-Pierre Canisius (2019-220) qui m'ont beaucoup aidé à ressaisir le texte déjà imprimé, alors que le fichier électronique était déjà égaré. Que le Seigneur leur donne paix et consolation du serviteur. Je pense tout personnellement aux compagnons scolastiques jésuites et jeunes philosophes : BANGIRINAMA Joël, KWANKE Steeve, DOMINGO Michée, NDUNGULA Carlos, FOKO Antoine, FOKA Boris, CUBAKA Augustin, BALUTI Bernard, MWENZE Nathan, LOSAMBE Gabriel, BOROHINIPAI Aristide et MUNGU'AKONKWA Anatole.

À toutes ces discrètes personnes qui, aimablement et immanquablement, m'ont aidé à inscrire cette pensée dans la généalogie des réflexions faites sur une philosophie qui refuse d'être une pensée de survol pour prendre en charge la concrétude de la vie dans ses multiples épiphanies, j'exprime ici ma solidarité. Ensemble, nous croyons en une philosophie de la vie politique, comprise comme *vivre-ensemble* et *agir-ensemble*. Et en ce sens, je remercie la communauté jésuite Saint-Pierre Canisius qui m'a offert un espace public adéquat et propice à la recherche. Cette philosophie est aussi la philosophie de l'économie comme production de l'être. En ce sens, je remercie tous ceux qui n'ont pas usé de l'économie de leur temps et de leurs moyens pour me faciliter la tâche. Cette philosophie est aussi la philosophie du langage comme dévoilement de l'être et à cet effet je ne peux me dispenser de remercier l'une ou l'autre personne qui, à travers une parole libérée, m'a apporté un brin d'espérance et de soutien. Cette philosophie est aussi une philosophie de la culture comprise comme manifestation culturelle de l'être et à cet égard, je tiens à remercier ma première matrice culturelle que représentent mes parents MBIRIBINDI Gilbert et BIASHARA Mélanie, ainsi que toute la famille élargie. Cette philosophie est aussi une philosophie de la religion, comprise comme relation avec l'Etre Absolu, fondement archéologique, déontologique et téléologique de toute vie : Dieu le Père, Dieu le Fils et Dieu le Saint Esprit à qui reviennent toute gloire et tout mérite…*Nkembo kuzulu ku Nzambi.*

1   INTRODUCTION GENERALE

1.1   Objet et *focus* de notre travail

Etonnement ! Voilà bien un mot qui revient sur les plumes de tant de philosophes, lorsqu'ils veulent décrypter l'origine de la philosophie. L'affirmation si indéniable que beaucoup admettent et qu'il ne vaille même pas la peine de démontrer atteste que la philosophie commence avec l'étonnement. Si l'on se réfère simplement à la lecture de *Théétète*, on découvre que Platon, bien avant Aristote, voyait dans l'étonnement le *pathos* philosophique par excellence[1]. L'homme, le sujet pensant est dans l'admiration et la surprise devant les merveilles de la nature, devant le mystère de l'existence et « s'efforce de leur donner un sens, une signification, et de se comporter en conséquence »[2].

Mais, une fois, l'étonnement et l'émerveillement apaisés par le regard attentif sur le réel, surgit alors le questionnement. Et la philosophie, se révèle alors comme une prise de conscience réflexive. Cette approche veut souligner que la philosophie n'a point d'autre origine que le mouvement qui conduit de l'étonnement vers le questionnement et du questionnement vers la recherche d'une vérité qu'il s'agit de suivre à la trace. C'est d'ailleurs pourquoi, Socrate estimait à juste titre qu'*Iris*, c'est-à-dire la recherche, avait pour père l'étonnement[3]. Non pas que l'étonnement soit le principe de toute chose, mais simplement parce qu'il ouvre la voie à la recherche de ce qui est.

Ainsi donc, le philosophe trouve-t-il plaisir à s'étonner même en face du tragique, de la quotidienneté et de la banalité de la vie. Il peut par exemple s'étonner devant les vérités générales admises et par là commencer un examen critique. Il peut aussi s'étonner en face des situations-limites et des situations fondamentales qui impliquent sa vie. C'est alors que s'amorce une réflexion, un mouvement par lequel l'esprit retourne sur lui-même pour une reprise critique de ce qu'il considère comme allant de soi, pour une réflexion seconde sur le surgissement des choses et des événements, non pas par simple complaisance, mais pour faire œuvre de pensée rigoureuse et lucide. Plus encore pour penser sa vie et vivre sa pensée.

---

[1] PLATON, *Le Théétète*, p. 27.
[2] M. KABE, « Qu'est-ce que la philosophie » ? p. 23.
[3] PLATON, *op. cit*, p. 27.

Aujourd'hui encore, l'on est tous d'avis que c'est par « l'étonnement que les hommes maintenant et dès l'origine, ont d'abord commencé à philosopher »[4]. C'est par l'étonnement que l'homme s'achemine vers un questionnement toujours et déjà en quête du sens existentiel. Il s'agit du questionnement suspendu entre le déjà-là et le pas-encore sous forme d'une béance inassouvie, précisément parce que le questionneur est appelé à demeurer dans ses multiples questionnements. Le questionneur, l'homme philosophant s'étonne d'abord devant les choses qui lui apparaissent étranges, puis peu à peu, il s'élève vers les questions plus profondes. De toutes ces questions, celle du fondement est la plus cruciale et la plus centrale, parce qu'elle vise le principe suprême de tout ce qui se pose devant lui comme objet d'interrogation.

A tout bien considérer, aucune philosophie, en effet, ne peut prendre le loisir de se soustraire à la question du fondement, non pas tant pour se borner à un questionnement à rebours sur ce qui est à l'origine de tout événement, que pour mettre en lumière la structure ultime de tout ce qui est. La question du fondement reste donc l'entreprise la plus virulente, mais peut-être aussi la plus féconde de l'histoire de la philosophie. En tant que *subject matter*, la question du fondement a passionné et mobilisé les volontés philosophiques, et cela, depuis les temps immémoriaux. Les premiers philosophes grecs, en effet, à la recherche de ce qui fonde les phénomènes de la nature, se sont intéressés à la question du fondement. En questionnant le fondement de ce qui est, ils sont arrivés à poser en même temps, la question d'une métaphysique en quête de sa phénoménologie ou alors d'une phénoménologie en quête d'un fondement métaphysique. Une telle quête du fondement, a traversé l'histoire de la philosophie jusqu'à trouver une expression approfondie dans la pensée de certains phénoménologues du vingtième siècle, soucieux de concilier la démarche phénoménologique et ontologique.

Si les figures de proue comme Husserl, Heidegger, méritent d'être pris en considération pour le cas de notre étude, c'est parce qu'ils nous servent de lanterne pour cerner la possibilité d'une jonction entre la démarche phénoménologique et ontologique. Autant la saisie de cette approche nous exige de recourir à la tradition philosophique pour découvrir *l'inter-textuatilité*, mais aussi le contexte de son émergence, autant, elle exige que nous fassions un choix, que nous fixions des repères, que nous prenions un paradigme. En vertu d'un tel critère méthodologique, nous avons délibérément choisi d'axer notre analyse sur un auteur aujourd'hui en vogue dans le courant onto-phénoménologique. Il s'agit explicitement de Michel

---

[4] ARISTOTE, cité par K. JASPER, *Introduction à la philosophie*, p. 16.

Henry considéré à tort ou à raison comme le réconciliateur de Heidegger et de Husserl[5].

A tout égard, la philosophie de Michel Henry, comme nous le verrons, s'inscrit de façon générale dans le courant phénoménologique. Elle constitue en grande partie une philosophie de la subjectivité transcendantale et prend son point de départ chez Husserl. Toutefois, elle dépasse la phénoménologie de Husserl, dans la mesure où sa problématique va plus loin que la sphère de la conscience intentionnelle, principe constituant des phénomènes et condition de tout savoir. Michel Henry prend directement le concept l'être de l'*Ego*, dans sa phénoménalité originaire et radicalement immanente. C'est donc une phénoménologie axée sur la quête d'un être originaire, unique fondement authentique de la connaissance et de toute expérience en général.

C'est en même temps cette exigence de quête de l'*être de l'ego*, qui nous amènera à parler d'une *onto-phénoménologie* dans la pensée de Michel Henry.

---

[5] Michel Henry est un philosophe et romancier français né le 10 janvier 1992 à Haiphong au Viêt Nam. Souvent inconnu, il est cependant une figure de proue de la phénoménologie du vingtième siècle, suite à ses nombreuses publications que nous allons souligner dans la suite. Il suffit de lire son parcours philosophique pour s'en convaincre. En effet, après une longue carrière d'écrivain et de penseur reconnu mondialement et plus particulièrement dans le milieu français, il trouva la mort le 3 juillet 2002 à Albi, en France. Mais, Michel Henry aura vécu au Viêt Nam jusqu'à l'âge de 7 ans. Après avoir perdu son père, commandant dans la marine française, suite à un accident de circulation, il a partagé ainsi une grande partie de sa jeunesse avec sa mère et a fait ses études à Paris. Dès juin 1943, au cœur de la seconde guerre mondiale, alors qu'il avait à peine 21 ans, Michel Henry, s'est décidé de s'engager dans la Résistance où il rejoint le maquis du Haut Jura sous le nom de code de Kant, et devra redescendre de la montagne pour accomplir ses missions dans Lyon. A cette époque, la ville de Lyon était occupée par les allemands et quadrillée par les nazis. Il sera contraint de mener une existence de clandestinité qui va profondément marquer sa philosophie. A l'issue de la guerre, il prit la résolution de s'engager dans les études philosophiques, jusqu'à l'agrégation, avant de se consacrer à l'élaboration d'une thèse sous la direction de Jean Hyppolite, Jean Wahl, Paul Ricœur, Ferdinand Alquié et Henri Gouhier. Le travail de la thèse fut très laborieux eu égard à la complexité de la pensée, ainsi qu'à la recherche des nouveaux repères qui l'ont acheminé vers une nouvelle phénoménologie en continuité du projet commencé par Husserl, Heidegger, Sartres et Merleau-Ponty. Il a dû consacrer une dizaine d'années à la rédaction de sa thèse principale sur l'*Essence de la Manifestation*, qui a été publiée en 1963. Mais il convient de souligner qu'avant l'*Essence de la manifestation*, Michel Henry travaillait déjà à la rédaction de sa thèse secondaire, intitulée *Philosophie et phénoménologie du corps*, qu'il a terminée dès 1950, même si elle a été publiée seulement en 1965. Avec la parution de ses deux thèses, ce fut le début d'une carrière de professeur. Michel Henry sera à partir de 1960, professeur de philosophie à l'université de Montpellier où il a patiemment édifié son œuvre à l'écart des modes philosophiques et loin des idéologies dominantes et à ce titre sa pensée comporte une donnée originale que l'on peut considérer en termes d'une subjectivité vivante, mieux d'une conscience vivante. Le point focal de sa philosophie, c'est la subjectivité vivante, c'est-à-dire la vie réelle des individus vivants. Cette vie réelle traverse en ce sens toute son œuvre et en assure la profonde unité sous forme d'une phénoménologie de la vie systématisée à travers une diversité des thèmes, en dépit de la diversité des thèmes abordés.

Mais, une chose doit être mise au clair dès maintenant : l'onto-phénoménologie que pose le philosophe de la vie intérieure, si elle est tributaire de l'ontologie heideggérienne, elle s'en démarque manifestement, notamment avec le concept de « transcendance de l'être ». On saisit mieux alors pourquoi, le projet de Michel Henry que nous allons articuler dans sa facette onto-phénoménologique, est une tentative de quêter l'être originaire et transcendant de l'*Ego*. Raison pour laquelle, la relation que le projet philosophique de Michel Henry entretient avec, d'une part, la phénoménologie transcendantale de Husserl, et d'autre part l'ontologie heideggérienne, revêt nécessairement la forme d'un procès général et d'une critique qu'il intente à la tradition phénoménologique occidentale. Ce procès critique constitue d'ailleurs le leitmotiv de l'*Essence de la manifestation,* ce chef d'œuvre de sa pensée. Dans *Essence de la manifestation*, Michel Henry, s'attaque plus au monisme ontologique dans son présupposé le plus constant depuis l'aube de la philosophie. Il remet en cause l'assimilation de l'*essence à l'idée*, la réduction de l'être à un seul type de manifestation, la manifestation objective, sans oublier d'adresser des critiques acerbes à la représentation, dans sa forme kantienne.

L'objet de ce livre, ne consistera, cependant pas, à considérer le projet vaste de la phénoménologie de Michel Henry. Nous nous focaliserons sur le concept de l'être comme manifestation, en épinglant ainsi les différents modes de son articulation, en mettant ainsi en branle les concepts comme la transcendance, l'extériorité, la visibilité, dans la mesure où ils nous permettent de cerner l'être de la manifestation dans son intériorité radicale, celle que nous identifierons à la notion de la vie dans son auto-affection. L'élucidation de cette sphère d'être que constitue la vie comme révélation absolue, étrangère à l'ordre de la connaissance et de ses représentations, va devoir sous-tendre les analyses que nous ferons au sujet de la phénoménologie de la vie, ainsi que de l'onto-phénoménologie de la vie. C'est dans le but de déterminer les modalités relatives au concept de la vie, que nous allons poser au principe de toute existence, la vie manifestée et fondatrice de toutes les sphères de l'existence humaine, qu'elles soient politiques, économiques, langagières, etc. En raison d'un tel principe, la vie apparaîtra en dernière analyse comme la manifestation d'un réalisme ontologique, aux rebours de la transcendance tout comme de la *praxis*. Plus encore, elle apparaîtra comme une essence originaire de l'être.

Néanmoins, on pourrait se demander si, depuis longtemps cependant, depuis l'aube et la venue de la phénoménologie comme méthode d'accès au réel, une telle forme originaire et fondatrice de l'être n'a pas été pensée et mise en lumière. C'est en ce sens que comme tout questionnement, le nôtre va devoir, prendre appui sur un préalable dialogue avec la tradition philosophique dans le but de saisir l'évolution historique de l'intuition centrale qui gouverne cette étude. Dialoguer avec la tradition de manière non diachronique, sans césure ni rupture, c'est d'ailleurs ce que Michel Henry nous fait remarquer dans les premières lignes de son livre, *Essence de la manifestation*. Il souligne qu'un tel dialogue aide une recherche philosophique à évaluer si, réellement, son objet un caractère originaire et fondamental.

« Avant de prétendre obtenir un résultat quelconque, toute question doit chercher à se rendre transparente à elle-même. Elle doit être capable de dire si la problématique qu'elle institue peut être considérée comme originaire et fondamentale ou si, au contraire, elle est subordonnée à une recherche première dont elle se montre dépendante. »[6]

1.2 Orientation

Le premier chapitre ambitionne de mettre à jour l'influence lointaine et immédiate de la pensée de Michel Henry. Il partira de la *physis* grecque considérée comme une donnée à la fois, métaphysique et phénoménologique, sans omettre de rendre manifeste le rationalisme cartésien et kantien dans leur effort de dépasser l'entreprise thomiste, ainsi que la phénoménologie hégélienne dans son souci de réconcilier le réalisme et l'idéalisme. Il ouvrira en outre les perspectives d'une onto-phénoménologie qui se veut à la fois, quête de la vérité des êtres et des choses, une onto-phénoménologie qui prend appui sur le concept de l'être et de l'*Ego*, mais sous une perspective transcendantale et immanente. En ce sens, il va mettre en exergue l'onto-phénoménologie de Husserl et de Heidegger dans la mesure où elles ont servi de tremplin à l'*Essence de la manifestation* de Michel Henry, une tentative de réconciliation des phénomènes avec les essences, avant d'entrevoir une onto-phénoménologie de la vie.

Le deuxième chapitre, s'attachera à cerner le passage que Michel Henry effectue entre la phénoménologie et l'ontologie. L'idée centrale de ce chapitre consistera à poser le rapport que l'on peut établir entre le concept de l'être et celui de la vie, avant d'opérer une synthèse visant la jonction, mais aussi l'identité entre l'ontologie et la phénoménologie de la vie. Nous poserons ici quelques préambules susceptibles de nous acheminer vers l'appréhension du concept de l'être et de l'*Ego*, étant entendu que la possibilité de saisir l'être de l'*Ego*, conduit inexorablement à saisir l'être de la vie.

---

[6] M. HENRY, *Essence de la manifestation*, PUF, collection « Epiméthée », Paris, 1963, p. 2.

Le troisième chapitre initiera un essai d'interprétation de l'onto-phénoménologie de la vie de Michel Henry, en examinant tour à tour les étapes de son élaboration. Il s'agira explicitement de commencer par la définition du concept *phénoménologie* selon la logique de notre auteur, et cela certes dans le souci de découvrir les liens qui attachent la phénoménologie à la vie, entre autres, l'apparaître, l'auto-affection, la donation, l'incarnation et l'Archi-vie. C'est, en tout cas, cette question de l'être qui introduira notre quatrième chapitre.

En dernière analyse, le quatrième chapitre, sera consacré à la notion de métaphysique de la vie. La métaphysique, après avoir été enterrée, au profit d'une onto-phénoménologie, ressuscitera dans le quatrième chapitre, mais sous une forme transfigurée, car elle deviendra une métaphysique de la vie concrète, une métaphysique de la *Leben-praxis*, car, nous le montrerons, « il y a sûrement quelque chose qui s'ajoute ontologiquement à la réalité physique observée »[7]. Plus précisément, ce chapitre s'assigne pour tâche d'élucider les multiples champs auxquels une telle métaphysique s'applique, plus précisément, le champ du langage, compris comme l'un des lieux de la manifestation de l'être.

Redisons-le avec insistance, notre vœu, en écrivant ce livre est de réfléchir en profondeur sur la relation que l'on peut établir entre la métaphysique et la phénoménologie, entre Husserl et Heidegger afin d'en dégager les traits caractéristiques, le rapport que l'un entretient avec l'autre, ainsi que la possibilité de penser une métaphysique de la vie sous le paradigme de Michel Henry.

---

[7] J-M. MONNEY, *La structure du monde*, objet, propriété, état des choses, p. 102.

I. LES RACINES HUSSERLIENNES ET HEIDEGGERIENNES DE LA PHENOMENOLOGIE DE MICHEL HENRY

I.1.Introduction

Lorsqu'il s'agit de la finitude de l'être connaissant, celle-ci, chez Heidegger, même si elle se reconnaît « pré-ontologiquement » comme un existant, ne pourra connaître l'être infini, à la manière de l'entendement cartésien qui pense un être plus parfait que lui. Autrement dit, l'homme en tant que sujet fini et limité, ne peut connaître que ce qui est fini mais pas ce qui est infini, ce qui est au-delà de sa finitude. Tout ce que l'homme peut connaître, ce sont uniquement les êtres finis, les phénomènes, ceux qui se posent devant lui en s'objectivant ; ceux qui s'objectent. Est-ce pour dire que cette connaissance « pré-ontologique »[8] est en quelque sorte sans importance ? Cela, on ne peut le dire, car elle « s'oriente vers, en s'objectivant »[9], elle se tourne vers les phénoménologues et constitue en quelque sorte le stade préliminaire de la connaissance. Mais une question reste encore en suspens. Celle de savoir sous quelle modalité s'effectue cette ouverture. Comment donc « l'être fini connaissant est-il capable de se rapporter à un étant qui n'est pas lui-même et qu'il n'a pas non plus créé » ? Au regard de Heidegger, cela n'est possible que si et seulement si , « cet étant, déjà présent, peut de soi, s'offrir à l'être rencontré »[10], si et seulement si, l'objet se pose devant le sujet, comme le souligne Kant dans sa *Critique de la raison pure* :

> « De quelque manière et par quelques moyens qu'une connaissance puisse se rapporter à des objets, et que toute pensée à titre de moyen, prend pour fin, est l'intuition. Mais celle-ci n'a lieu qu'autant que l'objet nous est donné, ce qui n'est possible, à nouveau, du moins pour nous autres hommes, que si l'objet affecte d'une certaine manière

---

[8] La connaissance pré-ontologique est justement chez Heidegger, condition de possibilité, en tant qu'elle est une béance, une ouverture qui permet à l'être fini de se tourner vers quelque chose d'autre. C'est une première étape de la connaissance. La primauté de la connaissance pré-ontologique nous amène à considérer cette orientation, cette ouverture, plus en termes de correspondance avec l'être infini toujours et déjà transcendant. De là, la synthèse, si elle veut être pure, elle doit pouvoir s'organiser et de ce fait, se rapporter à « la totalité unifiée et à la structure essentielle et intrinsèque de la transcendance », quoique cette dernière dévoile d'une manière ou d'une autre, la finitude de la raison. Nous reviendrons sur ce rapport dans le troisième et dernier chapitre sur la métaphysique de la vie.

[9] M. HEIDEGGER, *Kant et le problème de la métaphysique*, Paris, Gallimard, 1953, p. 130.

[10] *Idem*

l'esprit. La capacité de recevoir (la réceptivité) des représentations grâce à la manière dont nous sommes affectés par des objets s'appelle la sensibilité. C'est donc au moyen de la sensibilité que les objets nous sont donnés, et elle seule nous fournit des intuitions, mais c'est par l'entendement qu'ils sont pensés...Mais toute pensée doit se rapporter finalement soit en droite ligne (directe) soit par des détours (indirects), au moyen de certains caractères, à des intuitions et par conséquent chez nous à la sensibilité, puisque aucun objet ne peut être donné d'une autre façon... »[11]

A analyser de près, une telle approche, s'applique plus ou moins bien à la pensée présocratique, dans son souci de saisir le réel, parce que fondamentalement, elle est une recherche (bien que sensible) de ce qui se donne à voir, dans la facticité des phénomènes naturels, avant d'en découvrir le fondement, avant d'en découvrir l'*Archè*[12]. Le regard que les philosophes présocratiques posaient sur la nature objective était fonction de ce qui se manifestait devant eux. Ainsi, certains seront-ils amenés à tirer des conclusions générales, pour la plupart fondée sur ce qui se donne à voir dans la nature visible, avant de remonter jusqu'au principe fondateur : l'*Archè*.

Toutefois, cet *Archè* n'est pas simplement une donnée substantielle, une simple matérialité ni un simple phénoménisme[13]. Il est essentiellement un principe spirituel. Autrement dit, ce que les philosophes antiques appelaient à juste titre, l'*Archè* peut être le lieu du développement de quelque chose d'autre, de quelque chose d'invisible, plus explicitement, le lieu où se cache un principe spirituel. L'*Archè*, c'est dès lors l'être qui s'offre dans les phénomènes et les épiphénomènes. Plus encore, c'est l'être aux multiples visages et cela nous amène à nous situer dans le vaste champ de la métaphysique, pour cerner les catégories auxquelles se rapporte ce principe fondamental, en passant en revue les grandes figures de la pensée métaphysique[14]. L'examen auquel se rattache ce chapitre ne voudrait pas souscrire à l'hypothèse selon laquelle, la pensée métaphysique, a de tout temps, voulu séparer l'être de l'apparaître, par un souci ardent d'abstraction et de circonvolution qui ont

---

[11] E. KANT, *Critique de la raison pure*, Tradition Barris, Paris, Flammarion, 1987, p.783.

[12] *Archè* signifie dans la tradition pré-socratique, ce qui est au fondement de quelque chose, ce qui est premier, ce qui est à la base de tout ce qui est. Dans le langage heideggérien, mais aussi aristotélicienne, c'est l'être premier.

[13] J-M. MONNEY, *La structure du monde, objet, propriété, état des choses : renouveau de la métaphysique dans l'école australienne de philosophie*, p. 102.

[14] Nous allons préalablement et brièvement considérer, la pensée de Thalès, d'Héraclite, de Parménide, de Platon, d'Aristote, de Thomas d'Aquin, de Descartes, de Kant, de Hegel, de Husserl et de Heidegger, mais sous un angle ontologique, le but étant de découvrir le lieu où leur pensée a servi de tremplin à Michel Henry.

pour finalité, de définir les marges qui séparent la connaissance positiviste[15] de la connaissance métaphysique[16]. Aussi, le but de ce chapitre ne sera-t-il pas de dépasser une telle séparation, une telle dichotomie, un tel dualisme. Bien au contraire, elle vise sa mise au clair, pour que nous en soyons conscients, avant de prescrire son dépassement.

Cette mise au clair, se veut progressivement tributaire de l'histoire d'une métaphysique présocratique devenue un chemin ouvert pour beaucoup des philosophes qui, au cœur de leurs voies différentes, ont chacun à sa manière soulevé une interrogation collective et intarissable, une interrogation tout aussi infinie dans ses réponses, dans ses approches que dans d'autres interrogations qu'elle engendre. Si cette interrogation part de la quête de l'origine de ce qui est, ainsi que de sa finalité, c'est sans doute en vertu du caractère transhistorique d'une telle question. C'est sans nul doute parce que la question de tout temps, celle qui remonte des temps immémoriaux et dans laquelle l'homme est invité à demeurer : *quel est le fondement de ce qui est[17]*. A titre de préalable, voyons comment cette problématique s'articule-t-elle dans la tradition philosophique allant des présocratiques, pour découvrir dans quelle mesure la phénoménologie de Michel Henry est aussi, d'une manière ou d'une autre tributaire de la pensée antique, médiévale et moderne.

1.3 Préalable : les racines antiques, médiévales et modernes de la phénoménologie de Michel Henry

En philosophie, tout questionnement est souvent une tentative pour répondre à la question de tous les temps : « Pourquoi y-a-t-il quelque chose plutôt que rien »[18]. Il y a quelque chose, et ce qui est n'est pas seulement phénomène, il est aussi en même temps noumène. C'est l'idée directrice de notre étude. Mais quelle est la préhistoire d'un tel questionnement ? D'où remonte-t-elle ?

---

[15] Pour le positivisme logique, il faut célébrer le deuil de la métaphysique qui ne sera jamais considérée comme une science aussi longtemps qu'elle aura pour objet d'étude, les concepts qui n'ont pas de rapport avec les faits. Une telle condamnation est trop radicale, car nous montrerons par la suite (Chap. III), qu'il est possible de penser une métaphysique descriptive, voir concrète.

[16] La connaissance métaphysique, dans la logique du positiviste logique serait donc un non-sens. Notre but est de nuancer aussi une telle position par le recours à une onto-phénoménologie de la vie, c'est-à-dire la possibilité de mettre ensemble le débat ontologie-phénoménologie de la vie dans son effectuation et son épiphanie.

[17] C'est à cette question que se ramène toute la métaphysique heideggérienne.

[18] Question de Leibniz dans ses « principes de raison suffisante » et reprise par Heidegger dans sa quête du fondement de tout fondement.

C'est Thalès qui[19], plutôt que d'être attentif à ce qui est autour de lui, aimait souvent se promener les yeux orientés vers le ciel ; ce qui d'ailleurs l'a conduit à se surprendre dans un trou, comme pour illustrer le désintéressement de la philosophie en face du monde la vie. La philosophie, serait-elle *a fortiori* une quête de la transcendance et un déracinement en face de la *Lebenswelt* et de la *Lebenspraxis*, c'est-à-dire, une méfiance en face du monde de la vie vécue ? Michel Henry n'approuve pas une telle idée, raison pour laquelle il a élaboré une philosophie de la vie, plus encore une philosophie de la réalité qui réfléchit sur le tragique de la vie. Par ailleurs, Thalès, on le sait, a posé l'eau, principe à la fois matériel et spirituel, au fondement de toute chose. Autrement dit, à partir de l'eau, réalité divine[20], les réalités visibles et invisibles de l'existence s'entrecroisent, la transcendance et la facticité se complètent. Dans la même logique, Michel Henry est aussi un penseur en quête du fondement, mais un fondement qui est interne. A la place de l'eau comme principe immanent, il parlera de la vie.

A la suite de Thalès, bien d'autres penseurs, notamment Anaximandre et Héraclite, ont cherché à décrypter le fondement de toute chose, en s'appuyant sur un principe matériel. Le langage ordinaire présocratique identifiait un tel fondement à la *physis*. Si pour Anaximandre, l'*A-péiron* est au fondement de tout fondement, pour Héraclite, le feu[21], - substantialisation du *logos* mais aussi *intelligence structurante*[22] -, est à l'origine et à la fin de toute chose. Avec Parménide, une

---

[19] Il nous faut préciser ici que Thalès n'est certainement pas le premier philosophe. Avant lui, et comme en témoignent les sources égyptiennes, la philosophie se pratiquait déjà chez les prêtres érudits de l'Egypte ancienne, mais sous forme d'un enseignement ésotérique. Tout porte à croire qu'en plus de Thalès, beaucoup d'autres penseurs grecs ont séjourné en Egypte et furent initiés par les égyptiens. Si nous choisissons de prendre le miracle grec comme repère, c'est simplement à titre méthodique en nous inscrivant dans une tradition philosophique qui tout en universalisant le particulier, essaie de particulariser toute prétention à l'universel.

[20] C'est *Aitus* dans *Opinions*, I, 7, 11, DK 11 A 22 qui commente Thalès en soulignant le fait qu'à travers le caractère humide de l'eau, chemine une force qui meut toute chose.

[21] Le feu est au début et à la fin de toute chose, car il consumera toute chose à la fin – ecpyrosis – (C, d'ALEXANDRE, Stromates, V, 105, DK 22 B 30) ; de plus, d'autres sources comme c'est le cas de Diogène, identifient le feu à l'âme (*la psyché*) du monde dont les frontières (*la péirata*), ne peuvent être définies avec exactitude.

[22] R. SCHAERER, *L'homme antique et la structure du monde intérieur d'Homère à Socrate*, p. 154.
Au sujet de cette intelligence structurante, Anaxagore et Empédocle, deux prédécesseurs de Héraclite et de Parménide, soulignent que « c'est la loi qui régit tout partout où s'étendent les vastes éther et la lumière infinie (Empédocle *fragment,* 135), de quelle façon tout doit être et de quelle façon tout a été et n'est pas maintenant, de quelle façon tout est, tout cela c'est l'intelligence qui l'a mis en ordre (Anaxagore, *Fragment* 12). » Toutefois, Démocrite n'admet pas l'existence d'une telle intelligence car selon lui, ce sont plus les éléments qui, dans un monde livré au hasard, s'engageront ou se repousseront selon certaines affinités de la nature ou de la configuration. De l'autre côté, Diogène d'Apollon, Leucippe et Démocrite affirment avec ambages que « tous les phénomènes ne sont que les modifications d'une substance unique et se résolvent ensuite dans

certaine abstraction commence à faire jour. Et le principe métaphysique s'éclaire plus explicitement sous le vocable de l'être. On ne peut oublier en effet que c'est avec Parménide que l'*Archè* que nous considérions au départ dans sa dimension substantielle, revêtira de plus en plus une connotation métaphysique et la question de l'être et/ou de la pensée cesse du coup d'être une simple quête de l'apparaître. Une telle alternative sera approfondie par Michel Henry dans sa phénoménologie de l'apparaître que nous aborderons dans les points qui vont suivre.

Notons cependant, que le saut accompli par Parménide, ouvre alors une nouvelle ère pour la recherche philosophique. Car, c'est en appliquant un tel essor au projet de Socrate que l'on saisit mieux pour quoi ce dernier a bien voulu faire descendre la philosophie du ciel, c'est-à-dire de la contemplation des astres, pour la tourner vers l'homme, mieux pour la rechercher dans l'homme. On le voit, cette révolution qui s'est accomplie de façon abrupte a donné lieu à une éthique fondée sur la connaissance du soi par le soi, ce qui se nomme couramment le « connais-toi toi-même ». C'est l'avènement de la subjectivité. Mais, si le fondement doit être recherché dans l'homme, encore nous faut-il expliquer la méthode qui pourrait conduire à cette culture du sujet et faire en sorte qu'elle ne se distingue pas de la démarche psychologique qui utilise l'introspection comme approche. Manifestement, ce n'est qu'à partir d'une telle distinction que nous arriverons mieux à nous appuyer sur à la démarche socratique, en la considérant comme une réflexion sur soi et non plus comme une objectivation de soi.

C'est à la mesure de cette distinction que nous pouvons bien comprendre le pas qu'effectue Platon. Ce dernier, en disciple de Socrate, s'est fondé sur le dialogue, comme moyen d'accoucher la vérité que l'interlocuteur porte en lui, une vérité qui devient un avoir découvert. Une telle procédure conduit nécessairement à une vraie connaissance, à une *épistémè*, qui se distingue fort considérablement de la *doxa*. De là, le dialogue, qui procède par « l'*elenchos* » est à proprement parler une voie d'accès vers un savoir qu'il s'agit non plus d'inventer, mais de découvrir, si nous entendons par découverte- découvrir, enlever la couverture, dévoiler, faire apparaître, phénoménaliser, mettre en lumière ce qui existait préalablement. Il faut donc prêter ici une grande attention à une telle démarche parce qu'elle se rapporte à ce que Michel Henry appellera l'apparaître en lui-même, un effort d'aller au-delà des apparences, au-delà des certitudes apodictiques et immédiates. Dans le dialogue, le but est de démasquer toute apparence, tout apparaître. C'est tout l'effort de Platon,

---

cette même substance (Fragment, 2), ce qui conduit à souligner que sans intelligence il ne pourrait y avoir de répartition d'autant plus que l'univers s'édifie à partir de l'élément premier qu'est la vertu de l'intelligence. Plus explicitement, Leucippe avoue que « rien ne se produit vainement, tout naît de la raison et en vertu d'une nécessité » (Dox, 321).

atteindre l'idée du bon, du vrai et du bien, par l'entremise d'une dialectique ascendante. Si le fondement doit être recherché, si l'origine originaire doit être recherchée, ce n'est donc pas par une simple observation qui se contente des phénomènes apparents qu'il faille se confier, c'est plus dans l'effort d'aller au-delà de l'apparaître, d'atteindre un fondement qui n'a rien de substantiel : ce que Michel Henry appelle *la vie* dans son *Effectuation* et son auto-affection.

Une telle avancée dans la conception de l'origine originaire a ouvert les portes à la philosophie première qui s'est inaugurée et qui s'est systématisée avec Aristote. Dans ses réflexions, post-physiques, dans ses analyses métaphysiques[23], Aristote tente de dégager ce qui est fondement de toute chose. Partant de l'observation de ce qui est, partant de la facticité, et mis hors-circuit un réalisme simplement naïf, il remonte au fondement premier. Par conséquent, sa métaphysique devient une quête de l'être en tant qu'être, un être dépourvu de toute connotation substantielle par un effort d'abstraction. C'est une profonde révolution qui s'opère à ce niveau car, il s'agit de découvrir le fondement de l'apparaître, sans pour autant le dépasser et l'annihiler. Ce fondement de *l'apparaître possède une essence : la vie selon le langage de Michel Henry.*

A la suite de celui que les penseurs médiévaux appelaient « le Philosophe », plusieurs penseurs notamment Thomas d'Aquin, Kant, Heidegger, vont devoir prendre appui sur cette quête du fondement que vient d'ouvrir la pensée aristotélicienne. Pour Thomas d'Aquin, il s'avère indéniable,- en partant d'un réalisme métaphysique, d'opérer une distinction entre l'étant, l'être humain, l'être commun et l'être Absolu qu'il appelle Dieu. Cette distinction, le docteur angélique l'opère dans le but d'arriver à une métaphysique qui considère un être humain comme un étant spécial et de définir corrélativement, la relation qui le rattache à l'être Absolu –Dieu le créateur[24]. Mais ce lien qui rattache Dieu à l'étant spécial se fait par la médiation de l'être de l'étant qui est en quelque sorte la trace de l'Etre Absolu dans les étants. Il est un étant différent et, à ce titre il est la voie d'accès vers

---

[23] ARISTOTE, *Métaphysique*, A 3, 983 b, DK 11 A 12.

[24] Dieu chez Saint Thomas d'Aquin, est un créateur. L'élément de la création vient ajouter ici un aspect considérable, celui de l'émanation. Tous les étants émanent donc d'un créateur qui imprime en eux une trace, ce qui donne ainsi à penser l'élément unificateur de tous les étants, l'essence commune à tous les étants. Si Dieu est celui qui imprime dans les étants un principe unificateur qui est une partie de Lui, on comprend bien pourquoi, Il est dans le langage aristotélicien le moteur immobile auquel nous avons déjà fait allusion. En tant que tel, dans aucun cas, on ne peut penser qu'il reçoit son essence d'une autre créature, il est en quelque sorte l'*Ispum esse subsistens*. Dieu, qui est un être dont l'existence et l'existence coïncident, est aussi celui qui fonde l'existence des êtres finis. Il est en quelque sorte la principale cause de leur existence, mais aussi de leur essence. On peut aussi conclure que pour Saint Thomas d'Aquin, l'existence qui existe en réalité, c'est Dieu, Dieu est, le sujet et le prédicat étants ainsi inconnus.

la vérité de l'être. Dans un ordre d'idée analogue, Michel Henry va opérer une distinction entre la vie humaine, la vie des autres vivants et la vie du *Vivant premier*. A ce stade de notre analyse, nous nous contentons de souligner que la problématique du sujet humain dans son ouverture à la vérité de l'être, ainsi inaugurée, va poursuivre ce chemin avec Descartes grâce à l'hégémonie de son *cogito*.

C'est précisément avec René Descartes que s'ouvre une philosophie qui est à la recherche, non plus du principe premier, mais de la certitude et de l'évidence dans les sciences. Tel est l'objet de son *Discours de la méthode*, tel sera aussi le leitmotiv de son doute qui part d'une remise en question de toute phénoménalité que nos sens nous livrent et qui d'une certaine manière restent marqués par les germes de l'erreur et de la tromperie. La nouvelle philosophie que veut fonder Descartes vise préalablement la remise en question de purs phénomènes et l'affirmation du *cogito*, cette unique certitude grâce à laquelle tout le reste est déduit. Le *cogito*, c'est la pensée en tant qu'elle se veut séparer de tout matériel, c'est l'intuition qui conduit à l'affirmation d'une existence et du coup, rien n'existe que l'*ego* ne peut percevoir par le *cogito*. Si diverses que soient les interprétations du *cogito ergo sum*, il nous faut dans tous les cas retenir une chose importante, sinon incontournable : la raison par la médiation de la pensée, semble avoir atteint le sommet de l'idéalisme. A la place du *cogito*, Michel Henry posera la notion de l'affectivité, plus encore la notion de l'auto-affection. Le sujet pour lui, n'est pas uniquement un sujet pensant, il est un sujet affecté, un sujet qui s'éprouve comme un existant. En fait, c'est cette notion d'épreuve qui ouvrira les voies à la philosophie de la vie éprouvée.

L'idéalisme dans son expression radicale par le cartésianisme, nous aura fait admettre que la certitude de l'existence du Moi, de Dieu et du monde, est une donnée claire et distincte que le *cogito* sait intuitivement dans son être. Mais la faiblesse d'une telle attitude, ne réside-t-elle pas dans la passivité du pôle objectif, ainsi que dans sa tendance à ramener l'existence à la pensée, corrélativement à la négation, voire à l'oubli de l'objectivité du monde réel ? Thèse que les empiristes défendent pourtant avec ténacité et acharnement ! Quelle est la voie idoine qui conduirait dès lors à la saisie du tout de la réalité dans sa rationalité et son effectuation ? Devons-nous privilégier le pôle objectif, sans tomber dans un empirisme à outrance où alors privilégier le pôle du sujet pensant, en prenant garde de ne pas succomber dans les pièges de l'idéalisme ?

C'est tout l'effort de Kant dans sa *Critique de la raison pure*, ainsi que dans nombre de ses œuvres d'une richesse et d'une profondeur incomparables : découvrir à la fois les forces et les limites de la raison, ce qu'elle peut connaître et ce qu'elle ne peut connaître, mais au même moment, faire du sujet rationnel le foyer intelligible, le centre de gravité autour duquel tourne l'objet phénoménal ou nouménal. Le problème fondamental de Kant dans la *Critique de la raison pure* est, vraisemblablement celui de savoir s'il est possible de penser un jugement *synthétique a priori*, projet qui va se solder par l'impossibilité de penser la métaphysique comme une science dans les limites de la simple raison. L'impossibilité pour Kant de penser la métaphysique comme une science, s'il est un échec apparent[24], a dû cependant motiver les empiristes logiques[25] dans leur souci de discréditer toute entreprise qui rejette des énoncées qui n'ont aucun rapport avec l'expérience, bien plus qui ne correspondent pas aux faits.

Toutefois, on se tromperait donc à situer le système de Kant dans les simples limites de la raison pure, dans une métaphysique qui n'entretient aucun rapport avec le concret. Bien au contraire, il a problématisé et épinglé les domaines de la vie pratique sans lesquels la métaphysique ne peut être considérée comme une science. Plus encore, il a opéré une dialectique descendante susceptible de faire advenir une raison qu'il appelait, à juste titre, la raison pure pratique. La pratique et la théorie, se rejoignent donc dans le projet du dernier Kant, et donne ainsi à penser une métaphysique pratique, mieux une ontologie au service de l'humanisation de l'homme suite aux postulats de la raison pure devenue pratique. Retenons seulement qu'une telle métaphysique avant d'être pratique, a commencé par être idéaliste et cela trouve une expression criante dans les *Prolégomènes pour une métaphysique future*. En tout cas, Kant y souligne que son but n'est pas de poser un idéalisme empirique tel celui de Descartes, moins encore un idéalisme mystique comme celui

---

[25] Entre autres, les philosophes comme, David Hume, Ernest Mardi, sont parmi ceux qui ont situé la vérité du côté de l'expérience, en relativisant peu à peu toute évasion dans un monde métaphysique. Une telle poussée se rélévera encore plus dense, suite l'avènement du néopositivisme vers les années 1925, avec le fameux atomisme logique de Frege et de Russel, avant bien entendu, l'apparition spectaculaire du positivisme logique de Carnap, Schlick et Wittgenstein. Ces derniers vont dénoncer la métaphysique spéculative pour fonder la vérité de l'être sur les faits positifs. Un tel courant aura des ramifications et donnera naissance à la philosophie analytique (1872-1970)- Bertrand Russel, Gilbert Ryle et John Lee Austin- une perspective qui vise à rejeter la prétention de la philosophie à connaître le monde, pour s'intéresser plus, aux énoncés du langage. En plus de la philosophie analytique, le positivisme logique va donner lieu à la philosophie des sciences (1902-1994)- Karl Popper, Thomas Kuhn, Gaston Bachelard, Paul Feyerabend, Imre Lakatos - une philosophie qui peu à peu introduit la prise en compte de l'erreur dans la quête de la vérité qui est toujours et déjà susceptible d'être réfutée. Enfin, jusqu'à l'état actuel de nos connaissances, le projet du positivisme logique semble prendre l'essor d'une philosophie de l'esprit qui s'articule autour de la question de l'intentionnalité et du rapport cerveau/ esprit. De là découle que l'intentionnalité joue un rôle important dans la saisie de la vérité de l'être. Notre projet ne va pas trop prendre en considération ce débat sur la philosophie de science et la philosophie analytique, le but étant simplement de montrer que, Kant est l'un des précurseurs du positivisme, notamment avec la distinction qu'il opère entre connaissance *a priori* et *a posteriori*. Il est aussi le conciliateur de l'idéalisme et de l'empirisme.

de Berkeley mais bien plus un idéalisme transcendantal qui entretient un rapport avec le réel[26]. Un tel idéalisme, on en conviendra, a servi de tremplin à l'idéalisme hégélien, mais il a été dépassé par le concept d'apparaître que Michel Henry met en exergue. Michel Henry, en effet, a tenté, tout en partant de la distinction opérée par Kant entre les phénomènes et les noumènes, de redonner au concept de phénomène une autre définition, celle d'être non pas ce qui se montre, mais l'acte même de se monter. Nous reviendrons sur cette notion plus en détail dans la suite de notre analyse.

Revenons ainsi à notre préliminaire historique. Dans la même lignée que Descartes et Kant, Hegel s'est aussi fort intéressé sur le rapport entre la dimension pratique et la dimension théorique de la raison. Il y a beaucoup à dire sur le système philosophique qu'il a développé. Dans le cadre limité de notre étude, nous nous contenterons simplement de stigmatiser l'axe majeur où son système rejoint en quelque sorte, l'idée que nous sommes en train de circonscrire, à savoir le point de jonction entre la raison spéculative qui se réclame de la métaphysique et la raison concrète qui se rapporte à la démarche phénoménologique visant le retour aux choses mêmes. Cet axe s'articule dans le principe de l'identité du réel et du rationnel, ce qu'il appelle le panlogisme rationnel qui intègre l'universel concret et l'universel abstrait[27].

On aura aussi compris pourquoi la philosophie chez Hegel est un système. Elle se rapporte à tout ce qui est réel, parce que le réel est rationnel. Elle se rapporte aussi

---

[26] On s'étonnerait de nous entendre parler du réel chez Kant, idée qui mérite une justification. Une petite critique à la conception du réel chez Kant : on peut en effet constater que la conception du réel n'a donc pas été soigneusement épurée par Kant. Il a par contre mis dans le sujet pensant les propriétés que l'on retrouve dans le monde extérieur, en succombant ainsi dans un idéalisme masqué. C'est en réaction à une telle forme d'idéalisme qui, en fait de compte, fait du je pense, le fondement de toute la réalité objective en tant que pouvoir constituant du monde des objets, que Husserl va envisager une phénoménologie qui ambitionne de purifier le sujet de l'objet qui est en lui et de l'orienter ainsi de manière intentionnelle vers les objets en eux-mêmes. Ambition qui, elle aussi, va subir un coup fatal pour donner suite à l'affirmation d'un sujet transcendantal donateur de sens et subjectivité suprême, ce qui est une forme d'idéalisme transcendantal, cette autre manifestation du cartésianisme.

[27] Pour Hegel, l'universel concret a trois sens possibles : d'abord l'idée qui n'est pas obtenue par abstraction et qui existe indépendamment des esprits capable d'abstraire l'universel du singulier. En ce sens, l'idée platonicienne est un universel concret. Deuxièmement, l'universel concret signifie l'être réel en qui se concentrent des êtres individuels. En ce sens Dieu est l'universel concret. Dans le sens politique (Etat), il signifie la volonté collective d'un groupe humain. Dans le Dictionnaire de FOULQUIE ET SAINT-JEAN, le concept Universel concret se rapporte en une réalité incarnée dans une personne. Toutes ces approches montrent que dans la considération de l'universel, il y a une double unilatéralité : il est abstrait lorsqu'il fait référence à l'idée platonicienne et il est concret lorsqu'il est une réalité abstraite et incarnée. Le concept de l'Universel abstrait et concret, rejoint ainsi le point d'une onto-phénoménologie que nous sommes en train de poser.

à la totalité des disciplines, à une science devenue savoir de l'Absolu. Dans cette logique, l'onto-phénoménologie que nous voulons circonscrire, se veut aussi une tentative de découvrir dans la multiplicité des phénomènes, une essence commune, un principe fondamental qui les unifie. Plus loin dans la considération de cette même onto- phénoménologie à la lumière de Michel Henry, nous essayerons de voir dans quelle mesure elle est aussi un effort d'unifier les multiples disciplines de la vie humaine sous une onto- phénoménologie de la vie sous-tendue par un principe immanent, à la fois réel et rationnel.

A côté de *La phénoménologie de l'Esprit*[28] de Hegel et un demi-siècle après sa publication, se développe au cœur du vingtième siècle, une phénoménologie de la conscience dans son rapport avec le monde, ce que Husserl considérerait comme une recherche de la signification, qu'il s'agit de donner aux êtres et aux situations, par un effort de retour aux choses elles-mêmes.

I.4. Husserl et l'onto-phénoménologie transcendantale

La doctrine phénoménologique de Husserl[29] peut être appréhendée sur base de trois œuvres principales dont les *Cartesianische Meditationen Logische Untersuchungen et Ideen* et d'autres œuvres secondaires telles que *Krisis* et même les œuvres inédites[30]. Comprendre la phénoménologie de Husserl, c'est donc en

---

[28] 28 G-W.HEGEL, *Phénoménologie de l'Esprit*, Trad. J. Hyppolite, Paris. Aubier, 1948.

[29] Husserl est né le 8 avril 1859 à Prostějov en Moravie (actuelle République tchèque). D'origine juive, il se convertit au protestantisme luthérien le 8 avril 1886. En 1887, il est *privatdozent* à l'université de Halle. En 1896, il publie sa *Philosophie de l'arithmétique*, ouvrage qui défend une thèse psychologiste. Il fait d'abord des études en mathématiques, avec Weierstrass. Il se consacre à la philosophie dès lors qu'il veut réfléchir sur les fondements et le sens de sa science. Ses recherches le mèneront au-delà de la mathématique et il tentera de refondre l'ensemble des sciences dans la philosophie qui deviendra la *science rigoureuse*. C'est en 1900-1901 qu'il publie son premier grand ouvrage : *les Recherches logiques*, sur lesquelles il reviendra ultérieurement. Le tome I (*Prolégomènes à la logique pure*) critique la position psychologiste qu'il avait défendue dans son premier livre, et Husserl devient logiciste. Ensuite, il devient phénoménologue dans le tome II (*Recherches pour la Phénoménologie et la Théorie de la connaissance*) et critique le logicisme. Ainsi sont esquissées les trois grandes étapes de sa pensée. En 1913, il publie un ouvrage fondamental : *les Idées directrices pour une phénoménologie* (ou plus couramment : *Ideen 1*). Il meurt le 26 avril 1938, alors que le national-socialisme menace de destruction ses manuscrits inédits. Ils furent heureusement évacués à Louvain où se trouvent encore aujourd'hui les fameuses *Archives Husserl*, dans lesquelles près de 300 000 feuillets restent à déposér.

[30] Comme le dit Paul Ricœur dans son introduction des *Idées directrices pour une phénoménologie*, Paris, Gallimard, 1950) -(*Ideen*) : « la masse énorme des écrits inédits de Husserl, environ 30.000 pages, dont presque la totalité est écrite en sténographe, représente une œuvre considérable, plus vaste que les écrits publiés du vivant de l'auteur ». Parmi les œuvres inédites de Husserl, on peut en citer quelques-unes, éditées par Van Breda, directeur des archives-

saisir le fil d'Ariane qui préside à son élaboration, en partant des thèses fondamentales qu'il développe à travers ces ouvrages susmentionnés. Cette pensée constitue la trame de fond de l'onto-phénoménologie de la vie, que va devoir développer Michel Henry. Voilà pourquoi, il nous faut dès maintenant prêter attention à l'articulation de sa pensée, dans la mesure où elle précède la meilleure saisie de la pensée de Michel Henry. Le premier point va se refocaliser sur la notion de la conscience.

I.4.1.Une phénoménologie de la conscience

En effet, une lecture éclairée et éclairante de ses ouvrages susmentionnés nous laisse percevoir que la phénoménologie est essentiellement pour Husserl une philosophie de l'intentionnalité. [31] C'est Paul Ricœur qui, dans une introduction à la traduction des *Ideen*, explique, en une quarantaine de pages ce que Husserl entend par intentionnalité. Selon P. Ricœur, la genèse de l'intuition centrale qui gouverne la pensée de Husserl est « un labyrinthe à plusieurs entrées ». Ce labyrinthe est constitué de deux voies principales. Alors que la première voie va de la logique formelle à la logique transcendantale, la deuxième quant à elle procède du *cogito* psychologique au *cogito* transcendantal.

Dans ce sens précis, le mouvement qu'effectue la pensée de Husserl, vise à instaurer une philosophie existentielle par la médiation d'une phénoménologie. Par-là, le but de Husserl, en plus de vouloir fonder une philosophie comme science rigoureuse à la manière des mathématiques appliquées dans le domaine d'une psychologie de la conscience constituante, s'accompagne aussi de l'intérêt qu'il porte au dessein existentiel. C'est d'ailleurs son intention lorsque, en voulant cerner une philosophie de la raison dans l'histoire, tel que cela apparaît dans *L'Origine de la géométrie et la crise des sciences européennes*, il en arrive à la possibilité de lier une philosophie critique à ce dessein existentiel[32] qu'il essaie d'ailleurs de projeter. On le voit, faire cheminer la philosophie critique vers le dessein existentiel tel que cela se donne à lire dans la démarche phénoménologique qu'introduit Husserl, c'est

---

Husserl : *Husserl et le problème de Dieu (Proceding of the X the international congress of philosophy) Husserl et le problème de la liberté* (La liberté, Actes du IVᵉ Congrès des sociétés de philosophie de langue française, Être et penser Nº 29, Neuchâtel' 1949, p. 377-381) et sur « Réduction et authenticité », d'après Husserl, (*Revue de Métaphysique et de Morale*, 1951, p.4-5.)
[31]Dans un article publié par R.P. Van Breda sur « La phénoménologie comme philosophie de l'intentionnalité », *in La revue de théologie et de Philosophie de Louvain,* 1951, p. 486-487.
[32] La mise en branle du dessein existentiel en lien avec la philosophie critique signifie simplement que toute prise de conscience qui procède des raisons existentielles est par nature critique.

à proprement parler opérer une révolution au sens d'un effort de dépassement de l'idéalisme qui dès lors, se supprime pour se réaliser pleinement dans les *Ideen*. Comment une telle révolution s'est-elle systématisée ? D'où remonte-t-elle ? Pour beaucoup de commentateurs de Husserl, le système élaboré par Husserl a pour point de départ la recherche du fondement. C'est notamment le point de vue de Pierre Thévenez :

> « Le problème qui hante Husserl depuis *sa philosophie der Arithmetck* (1891) jusqu'à sa mort, est celui du fondement. C'est le fil conducteur qui nous révèle l'unité de cet effort de réflexion prodigieux qui va faire de ce mathématicien l'un des plus grands philosophes du XX siècle. En s'interrogeant sur le fondement des mathématiques, il s'est trouvé renvoyé à la logique, puis à l'épistémologie, puis à l'ontologie et même à la philosophie de l'histoire, par ce mouvement irréversible de dépassement perpétuel qui est un des caractères les plus frappant de cette philosophie du dynamisme intentionnel de la conscience. Mais le dessein reste le même depuis les *Logische Untersuchungen*, où il cherche « la nouvelle fondation de la logique pure et de l'épistémologie (I, p.VII) jusqu'aux Méditations cartésiennes, où il se préoccupe de donner aux sciences un fondement absolu. »[33]

Donner aux sciences un fondement absolu, c'est en même temps interroger celui qui cherche à donner aux sciences un fondement absolu, une objectivité absolue, c'est-à-dire le savant. En ce sens, la recherche du fondement ne doit pas mettre hors-circuit l'intention du sujet constituant, mieux l'intention du savant, ce qui nous conduit à une analyse préalable de l'intentionnalité du sujet constituant, avant de fonder objectivement un quelconque savoir. On en vient ainsi à situer la question du fondement du côté du sujet et pas seulement du côté de la science. De là, la phénoménologie de Husserl apparaît sous une double unilatéralité, car elle suppose la mise ensemble de deux perspective, à savoir la recherche d'un fondement objectif absolu et l'autopsie de la subjectivité de la conscience[34].

Mais, et cela doit être bien souligné, l'analyse que Husserl fait de la conscience avant de discerner son fondement n'est pas une analyse psychologique, au risque de

---

[33] P.THEVENEZ, « Qu'est-ce que la phénoménologie », p. 22.

[34] L'idée de la conscience qu'il s'agit d'analyser, fait ici appel aux notions de psychologie. La question fondamentale étant ici de savoir si la psychologie est capable ou non de fonder ou/et d'éclairer l'objectivité absolue inhérente à l'idée de la science. De plus, nous ne devons pas oublier que les limites du psychologisme tentent plus souvent à dissoudre, à annihiler l'objectivité dans un subjectivisme relativiste. C'est en tout cas la critique-classique du psychologisme que Husserl lui-même va mettre en exergue dans *Logische Untersuchungen, précisement* dans le Tome I.

tomber dans les pièges du psychologisme. Elle est essentiellement une analyse phénoménologique du fondement absolu de la logique et de la science. La méthode phénoménologique de Husserl, pour autant qu'elle porte les marques de l'esprit mathématique qui préside à la manipulation des essences idéales, se démarque ainsi de la méthode psychologique et logique. Bien plus, la phénoménologie-contrairement à la logique qui cherche les conditions de validité d'un jugement et contrairement à la psychologie qui s'intéresse à ce qui se passe effectivement dans la conscience- repose sur la recherche de la « signification de ce que nous avons dans l'esprit lorsque nous jugeons, affirmons, rêvons, etc. »[35].

De cette distinction entre la démarche phénoménologique, logique et psychologique, on peut estimer déjà que la phénoménologie, bien qu'elle vise le retour aux choses elles-mêmes, suppose cependant que la conscience constituante du monde, ait mis en épochè-provisoirement, *ad tempus*, l'expérience, qu'elle soit d'ordre interne ou externe. La mise hors-circuit de la réalité objective et subjective, en raison du fait que la conscience vise une certaine purification, une certaine réduction, cherche à centrer l'attention du sujet constituant sur la réalité dans la conscience.

On distingue principalement trois formes de réduction chez Husserl : la Réduction philosophique (mettre en épochè les connaissances antérieures) la réduction eidétique(qui vise les essences), la réduction transcendantale (qui pose l'existence d'un Ego transcendantale, *Ego cogito cogitata qua cogitata*). Ce qui fondamentalement conduit Husserl à emprunter les voies de la réduction, de la purification, c'est le souci de redécouvrir le fondement radical qui est celui même de la philosophie. En ce sens, la réduction phénoménologique, donne accès à une philosophie qui permet de saisir le monde comme phénomène (pas comme objet du monde), un monde qu'il s'agit de faire apparaître, non pas dans sa réalité de *facto* ou son existence, mais dans sa réalité immanente à la conscience. Réduire le monde, c'est réduire tous les jugements que nous portons sur la réalité empirique du monde, c'est la mise entre parenthèse qui n'est pas comme le doute cartésien. Autant la mise en épochè de la réalité interne et externe se trouve dépassée, autant, elle intègre toutes nos connaissances dans une vision toute renouvelée de l'objet qui dès lors est dans le sujet. Autrement dit, la conscience n'est jamais une conscience pure. Désormais dans le sujet, il y a plus que le sujet, il y a l'objet, à telle enseigne que la conscience, tout en étant une *conscience de,* est une conscience habitée par quelque chose d'autre qu'elle, par un objet. L'intégration de

---

[35] P. THEVENEZ, « Qu'est-ce que la phénoménologie », p. 22.

l'objet dans le sujet, nous place donc sur un autre terrain d'analyse qui n'est ni psychologique, ni purement scientifique, ni sur un plan des réalités idéales et métaphysiques, mais plutôt phénoménologiques. Cette nouvelle phénoménologie qu'inaugure Husserl, dépasse en ce sens celle de Kant, pour qui les phénomènes s'opposent à l'en soi-*noumènes*.

Elle est principalement considérée en termes de ce qui se manifeste immédiatement dans la conscience, ce qui se donne soi-même, se pose, s'objecte devant la conscience sans médiation, sans quelconque construction logique, à la manière de l'intuition sensible que Kant développe dans son « *Esthétique transcendantale* »[36], mais qui, dans la logique de Husserl, ouvre la porte à une phénoménologie de la conscience transcendantale.

1.3.1 Une phénoménologie de la conscience transcendantale

Que la méthode phénoménologique se rapporte à la manifestation immédiate de l'objet dans la conscience, voilà ce qui la conduit à être une description de la réalité telle qu'elle se donne, pour rendre visible, pour lui redonner toute sa signification, et à en découvrir l'essence qui lui est immanente, à titre de « visée idéale »[37], par le préalable de ce que Husserl appelle « *coefficient de nullité* » ou mise en épochè de la réalité empirique. Découvrir l'essence comme visée idéale, c'est à vrai dire, faire apparaître la liaison intentionnelle et essentielle entre la conscience et le monde, par un processus qui va du sujet constituant à un *Ego* transcendantal, considéré comme terme ultime et originel, fondement du sens pour le monde phénoménal, mais intentionné par la conscience transcendantale. Pour le dire simplement, la conscience suprême est celle qui est origine de toute signification, celle qui donne sens au monde, un *Ego-cogito-cogitatum*, c'est-à-dire « la conscience constituant le sens du monde »[38], susceptible d'unifier la raison et le monde sous forme d'une unité.

A bien y réfléchir, il existe, selon Husserl, une conscience transcendantale et immanente au monde. Mais pour poser cette conscience, il est de bon aloi de saisir le soi, la conscience constituante hors du monde naturel, parce que, en tant que fondement, elle est essentiellement une subjectivité transcendantale qui vise non pas à penser le monde comme phénomène, mais à discerner ce qui donne sens à ce monde : l'être du monde. En vertu de ce passage que Husserl effectue entre le monde

---

[36] E. KANT, *Critique de la Raison pure*, p. 783.
[37] P. THEVENEZ, « Qu'est-ce que la phénoménologie », p. 23.
[38] *Idem*, p. 26.

comme phénomène et l'être du monde, on en vient à faire ressortir un élément d'une prégnance irrésistible, dans la nouvelle manière de philosopher sur la *Lebesnwelt*.

Cette nouvelle manière de philosopher sur le monde de la vie, consiste donc à adopter une attitude de critique radicale sur le monde, ainsi que sur le sujet, dans le but d'évaluer dans quelle mesure le sujet arrive à objectiver le monde, ce qui fait justement de la philosophie une « science rigoureuse », à la manière de la *mathesis universalis*. C'est dire que, cette nouvelle philosophie qui a pour méthode la phénoménologie, vise à adopter un esprit critique vis-à-vis du regard que l'on porte spontanément sur le monde naturel, par une prise de distance elle-même critique, et cela dans le dessein d'opérer une rupture avec l'attitude naturelle, afin de retrouver par le médium de la réduction, la signification profonde des phénomènes, leur essence, leur sens et leur transcendance.

Or, rechercher la signification, l'essence, la nature profonde des choses, de l'être du monde et la rationalité foncière du monde, c'est introduire l'ontologie dans la démarche phénoménologique et faire ainsi advenir une nouvelle méthode qui va devoir s'expliquer dans son éclat avec Martin Heidegger[39] : l'onto-phénoménologie.

Avant de considérer plus en détail l'onto-phénoménologie heideggérienne, soulignons que la phénoménologie husserlienne, si elle part de l'analyse du vécu comme fondement radical de la philosophie, et de la conscience en tant qu'elle est le lieu où le monde se phénoménalise, il reste qu'une telle phénoménologie brille par son respect du réel qu'il ne s'agit pas de rejeter, mais plutôt de mettre hors-circuit. C'est pourquoi, Heidegger dans la continuité du projet de Husserl, va remettre dans le circuit de la réflexion sur la vérité de l'être, ce monde réel que Husserl avait mis en épochè. Il ira même jusqu'à souligner sa primauté, en inaugurant ainsi une *phénoménologie existentiale* qui se rattache de manière révolue à la phénoménologie transcendantale de Husserl.

---

[39] Martin Heidegger, né le 26 septembre 1889 et mort le 26 mai 1960, est un philosophe allemand. Il commença par être disciple d'Edmund Husserl et de sa phénoménologie, avant de s'acheminer rapidement vers la question de l'être ou l'ontologie, qu'il répète dans une sorte de retour à Aristote, dans une onto-théologie. Après ce qu'il appelle lui-même le « tournant » de sa pensée (années 1930), il s'intéresse tout particulièrement aux présocratiques et développe les bases de ce qui deviendra avec Gadamer l'herméneutique. Auteur d'*Être et Temps (Sein und Zeit)*, de *Qu'est-ce que la métaphysique, Lettre sur l'humanisme, Le chemin qui ne mène nulle part, Kant et le Problème de la métaphysique*, ses ouvrages majeures, Heidegger est considéré comme l'un des philosophes les plus influents du XXe siècle : sa démarche a notamment influencé la philosophie existentialiste, la phénoménologie ultérieure, la *French Theory*, l'herméneutique allemande, ainsi que d'autres sciences humaines, comme la théologie et la psychanalyse. Les rapports de Heidegger avec le nazisme sont l'objet de controverses. Vers la fin de sa vie, ses écrits se sont plus penchés vers la poésie.

I.5.Heidegger et l'onto-phénoménologie existentiale

Il est à remarquer qu'une mauvaise conception de la phénoménologie tente trop souvent de l'opposer à la métaphysique, comme si elle était son antithèse, comme si elle est une mise en épochè du jugement existentiel que l'on peut faire sur les phénomènes. Heureusement la phénoménologie transcendantale que nous venons de présenter s'écarte fort considérablement de cette vision étriquée, d'autant plus qu'elle nous aura montré que la phénoménologie de Husserl ne s'oppose pas à l'être, bien au contraire elle est une « recherche radicale et première de toute connaissance »[40], et en tant que telle, elle se double d'une donnée ontologique. Le projet de Martin Heidegger est dans ce sens, une reprise sous nouveau lustre de la phénoménologie de Husserl et devient en quelque sorte le fondement qui vient comme pour dévoiler « une ontologie qui la sous-tend et vers laquelle elle tend »[41].

I.5.1.Onto-phénoménologie comme dévoilement

La mise ensemble de la phénoménologie et de l'ontologie, c'est cela qui donne lieu à une onto-phénoménologie, comme méthode nouvelle et originale. A y voir de près, c'est sans nul doute une telle approche qui a conduit Heidegger mais aussi Sartre, à interroger non pas ce qui est, ni la signification de ce qui est mais bien plus le sens et la signification de l'être[42]. D'où la question : quel est le sens de l'être[43] ? Selon Heidegger, il est important de redonner à la question de l'être toute son importance, parce que les métaphysiciens traditionnels[44], depuis Platon, ont semblé oublier cette question fondamentale de la signification de l'être, ce qui conduit Heidegger à procéder à une analytique à même de l'acheminer vers la saisie de cette signification. La phénoménologie de Husserl s'étant arrêtée à faire apparaître l'être

---

[40] P. THEVENEZ, *op.cit*, p. 24.

[41] *Idem*, p. 127.

[42] Notons en passant que la thèse d'habilitation de Heidegger portait justement sur la théorie de la signification chez Duns Scot.

[43] Il nous faut reconnaître qu'il est difficile de définir l'être et cette difficulté remonte même avant Heidegger. L'être est ce qui nous est proche en même temps qu'obscure, il est tout et rien au même moment.

[44] Pour Heidegger, les métaphysiciens traditionnels ont oublié la question de l'être, ils l'ont, soit, confondu avec la *physis*, comme c'est le cas des présocratiques (physiologues), soit avec l'Idée (Platon), le moteur immobile (Aristote) l'être Absolu (Thomas d'Aquin), l'être Parfait (Descartes), les idées (chez Kant) ; comme l'Esprit (Hegel), comme Ego transcendantal (Husserl). Heidegger se propose ainsi d'opérer un tournant : de ne plus confondre l'être ni avec les étants ni avec l'Etre Absolu, mais de partir de celui qui s'interroge sur la question de l'être, c'est-à-dire l'homme, avant de remonter à un Être qui donne sens aux étants et qui se manifeste par les étants.

de la conscience, celle de Heidegger vise alors sa compréhension en vue de dégager sa signification, dans un effort de faire advenir à la lumière ce qui se cache ou ce qui n'apparaît pas encore dans sa plénitude, ce qui ne se montre pas encore-*verborgen*[45] et qui doit être dévoilé.[46]

Au demeurant, si pour Husserl la phénoménologie était essentiellement la manifestation de l'objet dans la conscience et que le fondement radical renvoyait à une conscience transcendantale et constituante, pour Heidegger, elle devient monstration-*Aufweisung*-, dévoilement ou défrichement-*Freilegung*, plus encore explicitation et interpretation-*Auslegung*, ce qui conduit à mettre en lumière, à découvrir, mieux, à ramener au jour l'être oublié par les métaphysiciens traditionnels.

C'est ici que la phénoménologie heideggérienne se distancie de celle de Husserl, car la question fondamentale a débordé le cadre de la signification de ce qui est pour laisser place à une herméneutique visant à interpréter ce qui est, à l'analyser, dans le but d'en dégager les structures fondamentales de l'être, en l'occurrence le fondement du fondement. Or, vouloir dégager les structures fondamentales de l'être, c'est pour Heidegger revenir à la question du fondement de ce qui est. Penser le fondement de ce qui est, nécessite que l'on considère en même temps ce qui n'est pas. Heidegger constate que la science se penche plus sur ce qui est en tant qu'existence empirique. Il va donc de soi que ce qui n'est pas est oublié parce qu'il n'est pas. Pourtant, ce qui n'est pas, est pensé en tant qu'absence de l'être, en tant que non-être. Le souci de Heidegger s'est par ici tourné vers ce qui n'est pas, vers ce qui est considéré comme néant. La réflexion sur le néant lorsqu'elle est orientée vers *Da-sein*, qui en fait l'expérience au niveau existentiel, devient ainsi pour Heidegger le lieu de l'ouverture vers l'Etre. Et l'on sait mieux pourquoi, la quête d'un fondement doit partir de l'expérience ontique (existentielle) vers l'expérience ontologique (existentiale).

---

[45] M, HEIDEGGER, *Etre et Temps*, p. 34.
[46] Avec Heidegger, s'introduit ainsi la question du dévoilement de l'être, de l'apparaître, notion sur laquelle Michel Henry s'est fortement penchée pour systématiser sa phénoménologie, bien qu'il ira plus loin jusqu'à penser l'apparaître de l'apparaître et de substituer au concept d'apparaître, celui de la donation et de « l'autorévélation ».

Il est important de remarquer que ce passage permet de cerner les conditions de possibilité de notre monde empirique, sous le soubassement d'un fondement constitutif de tout ce qui est. C'est dire que le fondement ontologique transcende l'expérience ontique. S'il y a transcendance d'une part, il y a aussi jonction d'autre part. Pour mieux saisir le point où l'ontologique rencontre l'ontique, examinons cette citation de Pierre Thévenez dans sa lecture commentée du *Sein und Zeit* :

> « Nous retrouverons dans la phénoménologie heideggérienne, l'opposition du réel et de son sens, de l'empirique et du transcendantal, sous la forme de l'opposition qui est la clef de *Sein und Zeit* entre l'ontique (ce qui est l'étant du *Seinde*) et l'ontologique (l'être au sens de ce qui est, *das- Sein*). Nous retrouvons enfin, sous forme renforcée encore si c'est possible, la recherche d'un fondement vraiment radical, non pas seulement de la connaissance comme chez Husserl, ni de la qualité de l'être de tout ce qui est : un fondement qui soit un sens. L'ontologie heideggérienne est *Fundamentalontologie* qui aimerait répondre à la question fondamentale : *Fundamentalfrage-* quel est le sens de l'être- et dévoiler une *Fundamentalstruktur* »[47].

Mais, pourquoi Heidegger voudrait-il chercher le sens de l'être, alors que l'être est déjà en lui-même un fondement ? N'est-ce pas dans le but de doubler la question de la quête du fondement par une autre question qui vise à cerner le fondement de ce fondement, ce qui peut justement nous conduire à une sorte de vide sans fond. Ce que Heidegger considère comme un néant plus radical que tout être et tout fondement, un *Ab-grund.* Il nous faut ici, bien souligner ce qui est en jeu dans l'onto-phénoménologie heideggérienne, à savoir le cheminement qui va de la recherche du fondement radical au néant radical, du néant radical au *Dasein* et du *Dasein* â l'être Absolu, de telle sorte que la formule « *ex-nihilo omne ens qua ens fit* »[48], devient la clé de voûte qui aplanit le chemin vers la vérité de l'être. De plus, on voit apparaître entre le néant et l'être, un concept nouveau qu'il nous faut longuement considérer, parce que selon Heidegger, il est le chemin qui conduit à la vérité de l'être : Le *Dasein*.

---

[47] P. THEVENEZ, « Qu'est-ce que la phénoménologie ? », p. 128
[48] C'est dans le néant que l'existant dans son ensemble arrive à soi-même, se dévoile à soi-même.

I.5.2.Une onto-phénoménologie fondée sur l'analytique du Dasein

D'emblée, notons que le *Dasein* chez Heidegger est plus que la simple conscience humaine subjective, il est plus qu'une structure idéaliste. Il est en outre utile de préciser que le *Dasein* heideggérien n'est pas, comme prétendent le dire certains traducteurs en quête des définitions étymologiques, un être-là trop abstrait, moins encore une réalité humaine, ou une existence humaine- ce qui risquait justement de scléroser la démarche métaphysique en une entreprise anthropologique. Si le concept Dasein, se ramène au *là*[49] de l'être là, ce n'est pas dans l'ambition de le réduire à une vision empirique en rapport avec les faits. Bien au contraire, il s'agit, de découvrir, « en deçà de ces données empiriques, ce qui rend possible que quelque chose existe, ou soit présent en un certain lieu »[50].

Nous sommes donc invités à dépasser la sphère empirique pour penser le Là, dans sa dimension ontologique et en ce sens, il devient « irruption » ou « ouverture à l'ouvert »[51]. Le là devient une zone de *dévoilabilité*, une région par où la chose se manifeste dans sa phénoménalité. Autrement dit, le *Là* est le lieu de la manifestation, de l'épiphanie de l'être, ce qui fait justement de l'analytique Heideggérienne, la prémisse d'une ontologie-phénoménologie radicale, à telle enseigne qu'une réelle compréhension [52] du Dasein conduit nécessairement à la découverte de l'être.

---

[49] On peut ajouter à cette signification du Là, ce que W. Beinnel dit à ce sujet, dans *Le concept du monde chez Heidegger*, à la page 81. Il semble souligner que le *Là* est une structure fondamentale par laquelle l'homme est ouvert sur quelque chose.

[50] P. THEVENEZ, « Qu'est-ce que la phénoménologie », p. 130

[51] M.HEIDEGGER, *De l'essence de la vérité*, p.85 .

[52] La compréhension du *Dasein* chez Heidegger est sous forme d'une analyse de la structure ontologique de l'existence humaine, sous certaines facettes de ses épiphanies telle que : la déréliction, la déchéance, le délaissement, l'être-au-monde, le souci, la temporalité, l'historicité, la tonalité affective positive (la joie), la tonalité affective négative (l'angoisse), la mort. etc. Au sujet des épiphanies- *Dasein*, il nous faut rappeler ici que Heidegger s'est beaucoup inspiré du philosophe danois Kierkegaard. *Les existentiels* comme l'angoisse, la possibilité, la répétition, la décision, deviennent chez Heidegger, des existentiales, parce qu'ils sont transposés sur un registre transcendantal et ontologique, la différence étant situé plus au niveau de la mise entre parenthèse de l'homme concret. Heidegger effectue aussi un pas par rapport à l'existentialisme de Jaspers et de Gabriel Marcel.

Le point d'aboutissement de l'ontologie de Heidegger : l'effort qui cherche à dévoiler l'être à partir du *Dasein* très pertinent, car il préfigure ce qui est même le point d'aboutissement de l'ontologie heideggérienne, parce que ce n'est plus l'homme qui donne sens à l'être, mais c'est maintenant l'Etre qui donne sens à l'homme, ce n'est plus l'homme qui dévoile l'être, mais c'est l'Etre qui s'ouvre et se donne à lui-même et le *Dasein*, ouverture de l'ouvert, représentera désormais l'ouverture de l'Etre à l'homme, ce que Heidegger qualifiera avec une insistance croissante comme un événement ou un avènement (*Ereignis, Eriegnung*) »[53]. Désormais, c'est l'Etre qui se donne et qui, par le langage[54], s'ouvre à l'homme dans un élan de condescendance et de donneur de sens. On voit bien ce qui justifie le passage de la phénoménologie, à l'ontologie. Car manifestement, le mouvement intentionnel qui, dans la perspective husserlienne consistait à l'ouverture de la conscience et son orientation vers l'objet, est substitué ici à une autre forme d'intentionnalité : celle qui consiste, en un mouvement de l'Etre vers l'homme, un Etre qui a pris la place de l'*Ego* transcendantal, un Etre qui est un fondement transcendantal vers lequel l'homme se trouve orienté et qui dans un certain sens, est source de sens. Le dépassement de la phénoménologie par la transcendance de l'Etre, tout en étant déjà une révolution, conduit Heidegger à une ontologie fondamentale différente de la métaphysique traditionnelle. C'est cela qu'il souligne dans un paragraphe de *Qu'est-ce que la métaphysique*, en disant que :

« Depuis Platon, la philosophie s'est égarée en devenant métaphysique, elle a perdu et oublié l'Etre pour s'attacher à l'étant, faute d'avoir su les distinguer… Il s'agit maintenant de frayer le passage de la métaphysique à la pensée de la vérité de l'Être…La métaphysique en tant qu'elle se représente toujours seulement l'étant, ne pense pas l'Etre même. La philosophie ne se recueille pas sur son fondement. Elle l'abandonne et cela par la métaphysique…Mais en remontant au fondement de la métaphysique, la pensée deviendra plus pensante ». [55]

---

[53] M. HEIDEGGER, *Lettre sur l'humanisme*. Paris. Gallimard, 1947, p.57.

[54] L'ouverture de l'Etre à l'homme, s'effectue selon Heidegger par le médium du langage, comme le lieu par excellence où l'être se donne, parle dans l'homme. Ainsi le langage est pour Heidegger un centre de relation l'Etre-homme, car par lui, l'être s'ouvre, s'extériorise, s'exprime dans la parole intérieure. Aussi, le langage devient-il plus qu'un instrument par lequel l'homme essai de se faire comprendre, il devient la révélation même de l'être, car l'être parle à l'homme et dans l'homme, surtout dans le poète et le penseur. Nous reviendrons sur cette dimension dans la considération que nous ferons sur l'essence du langage, dans la phénoménologie de Michel Henry, un des points du troisième chapitre. Ce qu'il faut retenir, c'est que pour Heidegger, il existe une relation entre Être et l'homme et cette relation est fonction d'un langage ontologique.

[55] M. HEIDEGGER, Qu'est-ce que la métaphysique, pp.8 ,12,19,28-39.

Remonter au fondement de la métaphysique, c'est donc redonner à l'ontologie sa place de noblesse dans la quête de la vérité de l'Etre, par une pensée qui se veut plus pensante et plus originale que la métaphysique, par une pensée qui se laisse éclairer par la vérité que seul l'Etre infuse dans le penseur, pourvu que ce dernier sache écouter la voix de l'Etre qui parle en lui, avant d'extérioriser l'être de sa parole. Il faut donc, avant de penser une ontologie qui a pris ses distances avec la métaphysique et la phénoménologie, vérifier deux conditions indispensables, voire incontournables : *primo*, l'Etre doit être pensé comme la transcendance à laquelle cherche à s'ouvrir l'homme, *secundo*, l'homme doit rester à l'écoute de l'Etre par le médium d'un langage qui transcende la sphère métaphysique pour entrer dans le domaine de la pensée pensante.

Ces deux conditions réunies servent de levier pour une ontologie devenue à la fois, trans-phénoménologique et trans-métaphysique, donnant ainsi lieu à une onto-phénoménologie que l'on peut résumer en ces termes très significatifs : « Dans cette trans-métaphysique qui est une phénoménologie à rebours, c'est l'Etre qui fait apparaître l'homme en se faisant apparaître à lui »[56]. On en vient ainsi à déceler, dans une telle démarche l'instauration d'une onto-phénoménologie, parce que l'Etre[57], en se dévoilant dévoile en même temps l'homme, dans un processus allant de la manifestation de l'Etre à son ouverture aux étants ,un Être qui, sous forme d'un clair-obscur, se dévoile[58] et se jette dans les étants, les met à la lumière, les révèle, les illumine, par une lumière qui vient d'un ailleurs, ce domaine privé de l'Être-unique. Une telle conception de l'Etre en termes de lumière qui éclaire les étants nous situe sur un champ ontothéologique, sur lequel nous n'allons pas trop nous attarder.

Toujours est-il que d'une telle conception, nous pouvons faire ressortir une ontologie qui a dépouillé l'être de sa connotation substantielle (étant trop étant) pour le situer dans un univers qui pense un Etre-sens, compris comme un fondement radical à la fois plus proche et plus loin de l'étant, parce qu'il lui donne sens et reçoit son sens de lui. Le pont est ainsi établi entre l'ontologie pure et la phénoménologie pure, par une onto-phénoménologie qu'il faut chercher dans un monde devenu la demeure de l'Etre, dans un monde qui manifeste l'Etre.

---

[56] P. THEVENEZ, « Qu'est-ce que la phénoménologie », p.136.

C'est ici, justement que la manifestation du monde, porte en elle une essence ontologique et l'on comprend bien la nouvelle onto-phénoménologie que Michel Henry va essayer de systématiser, dans l'*Essence de la Manifestation*, celle que nous nous proposons dès lors de considérer dans la suite. On le verra, l'onto-phénoménologie de Michel Henry est une tentative de réconcilier la phénoménologie de Husserl et l'ontologie Heidegger, par une onto-phénoménologie de la vie à vocation pluridisciplinaire. Elle est tout d'abord rupture avec l'intentionnalité de Husserl et la philosophie existentiale de Heidegger.

I.6. Michel Henry en rupture avec l'intentionnalité husserlienne *l'ek-stase* heideggérienne

Tout d'abord, partons de quelques questions : la révolution opérée au niveau de la définition de la phénoménologie, pourrait-elle dès lors nous conduire à remettre en question la traditionnelle conception d'une phénoménologie qui a pour principe fondamental d'exprimer la chose même? L'objet d'une telle phénoménologie est-il encore le phénomène ou bien la phénoménalité ? Autrement dit, la façon dont les phénomènes se montrent à nous, c'est-à-dire leur apparaître peut-il être considéré comme mode d'accès au réel ? Est-ce toujours cette phénoménalité qui nous livre accès aux phénomènes, du moins dans une logique métaphysique de l'axe originaire ? La méthode phénoménologique doit-elle en tout point coïncider avec l'ontologie en tant qu'elle opère la révélation de l'être et de son essence ? Nous le savons avec Michel Henry : « L'objet de la phénoménologie constitue identiquement sa méthode et son langage »[59]. Cette approche l'a d'ailleurs conduit à souligner un premier problème inhérent à la démarche phénoménologique: celui d'aller au fond de la chose pour découvrir l'illumination première, l'apparaître premier.

---

[57] Une nuance mérite d'être soulignée ici dans la conception de l'Etre, qui tout doucement commence à revêtir l'image de Dieu de la tradition chrétienne. Prenons cependant garde, de souligner que chez Heidegger, l'être « ce n 'est pas Dieu » (M. HEIDEGGER, *Lettre sur l 'humanisme*, p,76.) Mais, ajoute Heidegger, dans *Lettre sur l'humanisme*, p,76, l'Etre est n'importe quoi, mais n'importe quoi n'est pas l'être, car il est « rocher, animal, œuvre d'art, machine, ou Dieu » En ce sens, la philosophie de Heidegger, reste dans l'indifférence sur la question de l'existence et de la non-existence de Dieu.

[58] Il convient de bien souligner que la vérité de l'être chez Heidegger est essentiellement dévoilement. Il le dit lui-même dans *Qu'est-ce que la métaphysique* en ces termes implacables : « L'étant-dévoilé de l'être est toujours vérité de l'existant, que ce dernier soit réel ou non. Réciproquement, il est d'ores et déjà dans l'étant dévoilé d'un existant, le dévoilement de notre être » M. HEIDEGGER, *Qu'est-ce que la métaphysique*, p.59.

[59] M. HENRY, *De la phénoménologie*, p. 181.

La méthode phénoménologique, et le projet qu'elle entreprend de dévoiler la chose même, présuppose par le fait-même de sa propre possibilité : « cette illumination première hors de laquelle aucune chose n'existe »[60] .On comprend alors Damien Darcis qui dans un article sur Michel Henry, affirme ce qui suit :

> « Nous ne pouvons définir la méthode phénoménologique comme originelle puisque l'objet dévoilé par elle n'est autre que sa possibilité. Voilà en quoi la réduction est d'ores et déjà falsifiée puisque l'apparaître auquel elle ouvre n'est autre que sa condition propre déjà présupposée. Autrement dit, ce que la phénoménologie nous donne justement, c'est la condition de son faire voir et rien d'autre. »[61]

Si donc la phénoménologie repose uniquement sur la condition de faire voir, alors nous ne pouvons contester que la méthode phénoménologique ne soit rien d'autre que la mise en œuvre systématique d'un procès intentionnel cherchant à rendre thématiquement présent le sens que «l'intentionnalité a elle-même constitué ou préconstitué dans ses synthèses originelles » [62]. Corolairement, la réduction, opère le dévoilement de ses propres conditions, à savoir le monde *ek-statique* vers lequel l'intentionnalité se jette, en même temps qu'elle le constitue en tant qu'elle est intentionnalité opérante, celle qui relève de la phénoménologie husserlienne. Autrement dit, la critique henryenne porte sur cette « harmonie pré-établie » entre la méthode et son objet, et cela certes parce que l'accomplissement de la première ne peut se réaliser autrement que de façon analogue à l'expérience du second. Considérés ensemble, la méthode et l'objet même s'ils sont les deux pôles de la phénoménologie ne suffisent cependant pas pour penser une intentionnalité conjointement à l'apparaître du monde dans lequel elle se déploie. Aussi s'agit-il moins, dans la perspective critique henryenne, d'interroger la méthode phénoménologique que son objet. Pour s'en rendre compte, il s'agit de considérer ce que Husserl appelle « phénoménologie de la conscience intime du temps » qui le conduit à cerner autant que possible et avec précision les « objets dans le comment »[63].

---

[60] *Idem* p. 182.
[61] D. DARCIS, « Comment dire la praxis transcendantale chez Michel Henry ? » Bulletin d'Analyse
Phénoménologique, Volume 4 (2008) Numéro 3 : Théorie et pratique (Actes n°1), 2008.
[62] M.HENRY, *De la phénoménologie*, p. 107.
[63] E. HUSSERL, *Phénoménologie de la conscience intime du temps*, Paris, P.U.F., 2004, p. 157.

Quêter les objets dans une conscience qui cherche le comment de leur manifestation, revient à dire que l'objet de la phénoménologie n'est autre que la phénoménalité du phénomène, à savoir son mode d'apparaître. « Ainsi s'agit-il moins d'appréhender chacun des objets dans leur singularité que le mode selon lequel il se donnent à nous »[64]. Pourquoi faudrait-il que la conscience fasse apparaître l'objet ? N'est-ce pas manifestement parce que toute chose étant par ailleurs, incapable de s'apporter elle-même dans l'apparaître, c'est l'apparaître, en tant que conscience lumineuse qui la donne ce qui dans cette donation doit se donner comme telle. En tout cas, si l'apparaître ne peut arriver à apporter l'objet à la lumière, il nous faut en conclure que l'objet risque de garder son altérité radicale et irréductible.

C'est justement cette exigence de coopération entre l'objet et l'apparaître qui nous amène à reformuler le projet phénoménologique de faire droit à la « chose même » soulignant que celle-ci ne peut se réduire au phénomène, pas plus qu'à l'apparaître du phénomène, mais doit s'attacher à l'élucidation de l'apparaître de l'apparaître. »[65] C'est aussi sur ce point que Michel Henry adresse une critique acerbe et décisive à Husserl, en soulignant que ce dernier, sans rendre compte, avance vers une compréhension de la phénoménalité propre à l'impression, celle qui normalement ne doit rien à l'intentionnalité, car elle en est la condition. Aux dires dc Michel Henry, une telle conscience ne peut que revêtir le statut de l'*impressionnel*. Or l'*impressionnel* est à tout le moi, constitutif de la conscience et, par là, elle constitue le fondement d'une phénoménologie hylétique.

Les critiques de Michel Henry, vont plus loin, car elles peuvent atteindre ce que Husserl appelle la subjectivité constituante ; celle de la conscience absolue et donatrice de sens. Cette subjectivité absolue et intemporel possède les propriétés absolues de quelque chose qu'il faut désigner métaphoriquement, quelque chose qui chez Husserl représente un « flux », quelque chose qui jaillit « maintenant », en un point d'actualité, en un point qu'il finira par identifier en un point-source originaire. Pour saisir la nature cette source-originaire, il suffit de jeter un coup d'œil sur les leçons de Husserl et l'on y constate que plus qu'une source originaire, la conscience constituante est « l'absolu véritable ». Plus qu'une conscience donatrice de sens, la conscience est aussi bien constituée que constituante, elle est « auto-donation » dans le langage de Michel Henry.

---

[64] D. DARCIS, *op.cit*, p.4.
[65] M. HENRY, *De la phénoménologie* p.5.

Mais l'on peut se demander si le constituant et le constitué coïncident, ou alors si ils ne peuvent naturellement pas coïncider à tous égards [66]. En tout cas, pour Michel Henry, que ces deux principes se voient confondus dans leurs corrélats noématiques, à savoir la donation, cela ne peut être contesté. Cette position est différente de celle de Husserl pour qui ces principes ne coïncident pas. Ainsi donc, le concept de la phénoménologie chez Michel Henry a le statut de la donation et ne s'accomplit donc pas avec l'intentionnalité comme c'est le cas chez Husserl. En plus, alors que Husserl substitue à l'être originel l'être constitué, Michel Henry pose l'être comme donation et la tâche de la phénoménologie consiste dès lors à laisser l'être se manifester comme donation, comme un apparaître qui apparaît en tant que tel, ainsi que l' étant qui apparaît. C'est ce que disait Darcis :

> « Henry détermine conséquemment un nouveau problème, du fait de la superposition inadéquate du constituant et du constitué : dès lors que la donation est confiée à l'intentionnalité, l'apparaître diffère de ce qui apparaît en lui. Toute conscience est conscience de quelque chose. Aussi n'est-ce, d'aucune manière l'apparaître qui apparaît en tant que tel davantage ce qui apparaît en lui, à savoir l'étant. La question phénoménologique de l'apparaître de l'apparaître, la chose même, est par là déplacée à ce qui apparaît dans l'apparaître, à savoir l'apparaître de l'étant et conséquemment l'étant en tant qu'il apparaît ».[67]

Si donc la phénoménologie vise à faire apparaître l'apparaître en tant que tel et l'étant en tant qu'il apparaît, la question topique est alors celle de savoir si l'apparaître constitue *le voir* en tant que manifestation de quelque chose qui se pose hors de soi. La nouvelle phénoménologie qu'inaugure Michel Henry est donc celle qui se définit non pas comme ce qui se montre mais l'acte même de se *monter*, c'est-à-dire l'acte même d'apparaître ou *l'essence de la manifestation*. C'est cette définition qu'il nous faut dès lors garder en arrière-pensée tout au long des chapitres suivants essentiellement axés sur la pensée de Michel Henry. Mais, avant d'en arriver à la pensée de Michel Henry proprement dite, résumons à grands trais le chemin parcouru par le premier chapitre.

---

[66] E. HUSSERL, *Phénoménologie de la conscience intime du temps*, p. 109.
[67] D. DARCIS, op.cit., p. 5.

I.7. Conclusion partielle

Nous avons essayé de suivre, à travers les étapes continues, la progression manifeste de l'ontologie dans le rapport qu'elle entretient avec la phénoménologie, et cela, on se souviendra depuis les présocratiques jusqu'à Heidegger. Cette progression peut alors se résumer par le préalable de trois étapes qui s'achèvent vers une ontologie de la vie et vers une praxis transcendantale : la cosmo-ontologie, l'ontologie rationnelle et l'ontologie-phénoménologie. La première étape, c'est-à-dire la cosmo-ontologie ou l'ontologie de la nature[68] a consisté à penser une ontologie qui suit son cours à l'intérieur de la pensée grecque que nous avons essayée d'élucider à partir d'une réflexion seconde sur les multiples acceptions de l'être dans la pensée antique en nous arrêtant plus sur le paradigme de la *physis*, ainsi que du rapport entre l'être et la pensée. L'acmé de cette partie a été celui d'une ontologie irrémédiablement liée à la nature principielle, sous forme d'un principe immanent, rationnel et coordinateur du monde visible. La saisie de ce principe immanent, si elle est présidée par un mouvement parfois ascendant ou descendant, un mouvement qui va du conditionné (la nature physique), vers l'inconditionné, vers un fondement premier, il en demeure qu'elle ne peut se soustraire aux exigences de découvrir un fondement qui n'est pas conséquence d'un autre fondement, mieux un inconditionné fondamental, ce que Aristote identifiait à la cause première, objet de l'onto-théologie en tant que science de l'être premier à la fois transcendant et immanent à toute chose.

La deuxième étape dans la progression de l'ontologie, c'est-à-dire son identification à une ontologie rationnelle, est caractéristique de la période moderne et elle peut se comprendre comme un effort de rendre justice à la raison humaine tout en évoquant ses limites dans la saisie de l'en soi, de l'inconditionné fondamental. Il existe bel et bien les limites que la raison humaine ne peut dépasser suite à l'a priori du conditionné spatio-temporel qui, en quelque sorte, limite les champs de la connaissance de l'inconditionné. Tout ce que la raison humaine est capable de faire, et c'est cela que pose Kant, c'est de penser l'inconditionné , à partir de ce qui est conditionné en vue de trouver le *principia essendi*, c'est-à-dire, le fondement de la détermination des choses.

---

[68] E, KANT, « *Progrès de la métaphysique en Allemagne* », *Œuvres complètes*, traités, section II. Paris, Gallimard, 1986. p.1241.

Plus encore, aller au-delà de l'*inconditionné*, c'est viser le *principium quo non est principiatum*, ou le fondement suprême dont tous les autres inconditionnés dépendent. Un tel mouvement vers l'inconditionné total, il convient de ne pas l'oublier, s'est systématisé avec Descartes, Kant et Hegel, par le crédit qu'ils ont accordé à l'effort de la raison humaine qui tente d'aller au-delà des phénomènes, pour saisir le principe qui gouverne la nature phénoménale, sous forme de principe et de fin ultime considéré soit comme un Être parfait, source de la perfection dans nature, soit comme une intelligence suprême et suprasensible, soit comme un Absolu incarné dans la nature et en mouvement vers son accomplissement. Une telle ontologie, ne s'achève-t-elle dans une onto-phénoménologie ?La troisième étape de la progression de l'ontologie est, nous l'avons esquissée l'onto-phénoménologie.

Cette étape, si elle s'est inaugurée avec la phénoménologie husserlienne encore sous l'empire de l'*Ego* transcendantal, elle n'a pas par ailleurs manqué de tenter le détachement de tout empirisme au sein duquel elle était encore empêtrée dans les deux premières étapes, avant de se convertir en une quête du sens de l'être sous l'égide heideggérien. Après s'être placée aux points de vue des idées à partir desquelles elle considère dès lors les objets selon ce qu'ils sont en eux-mêmes, l'onto-phénoménologie que nous avons mis en exergue vise la description de l'horizon qui, partant de l'être entant qu'il relève d'un pouvoir sensible, est dirigé précisément vers le tout de ce qui est dans l'ordre empirique, vers la choséité-*realitas essentia*- de ce qui est dans la double unilatéralité de l'être qui se dévoile comme en se cachant dans les étants sous forme d'un clair-obscur. Un Être-sens qui donne sens aux étants et qui, inversement est manifesté par ces étants dans leur immanence et dans leur transcendance. Atteindre l'immanence des étants, suppose cependant, une réduction radicale qui cherche à aller au fond de tous les existants pour découvrir la vie intérieure et originaire. Visiblement, ces étapes sont des préalables à l'onto-phénoménologie de Michel Henry au point où elle rencontre celle de ses prédécesseurs, tout en les dépassant.

II : LA PHENOMENOLOGIE DE LA VIE CHEZ MICHEL HENRY

II.1. Introduction

La pensée de Michel Henry, est séduisante. Mais, il demeure qu'elle n'a pas été bien accueillie dans le milieu intellectuel de son époque, peut-être parce que pour son époque, elle apparaissait trop radicale et trop engagé sur les voies de changement constitutif des habitudes de penser. On comprend dès lors pourquoi sa réception fut très lente, même si tous ses lecteurs disent être impressionnés par la puissance de ses convictions, par l'effet sidérant d'une pensée qui déblaye tout sur son passage et qui provoque beaucoup d'admirateurs mais peu de disciples. D'aucuns iront même jusqu'à voir dans sa pensée la manifestation d'une folie prophétique qui semble avoir bousculé l'univers théologique, notamment avec son livre *C'est moi la vérité. Pour une philosophie du christianisme.* Qu'est-ce qui justifie cette répulsion ? Est-ce parce que sa pensée se situe dans la continuité de certaines figures de l'athéisme contemporain, en l'occurrence Merleau-Ponty et Sartre ?

Le moins que l'on puisse dire à ce niveau est que la phénoménologie de Michel Henry, dans la continuité de Sartre et de Merleau-Ponty, s'est principalement axé sur une phénoménologie de la vie, une philosophie de la réalité[69], une philosophie de la chair[70] une Phénoménologie matérielles[71] et une Philosophie du christianisme[72]. Le fil conducteur de tous ses écrits est parti de *l'Essence de la manifestation*, et s'est achevé dans une onto-phénoménologie de la vie et une phénoménologie métaphysique que nous ambitionnons de circonscrire en nous appuyant sur une essence de la manifestation comprise comme affectivité, c'est-à-dire, en tant qu'il est ce qui « *se sent sans que ce soit par l'intermédiaire des sens* ». Premièrement, c'est la phénoménologie de la vie, qu'il nous appartient d'abord de considérer longuement en guise d'introduction à la seconde partie de notre étude. Mais avant de considérer en profondeur l'anatomie de cette étape cruciale de notre cheminement philosophique, disons en profondeur quelque chose sur la nouvelle phénoménologie que vient d'inaugurer Michel Henry, une phénoménologie de la vie, celle de la conscience intérieure et radicale du monde. De quoi s'agit-il ?

En effet, la phénoménologie de la vie de Michel Henry a profondément renouvelé la pensée contemporaine en pleine moitié du vingtième siècle. Ses écrits, pour la plupart, ont porté sur l'essence de la manifestation et l'affectivité, sur la phénoménologie de la corporéité et sur l'incarnation, sur *l'auto-révélation* et sur l'auto-donation de la Vie, avant de se prolonger vers une phénoménologie matérielle, une phénoménologie de l'invisible, une phénoménologie de la chair et de la subjectivité transcendantale. Vers le projet philosophique, sa pensée s'est orientée vers une philosophie du christianisme. En considérant de près ces quelques thématiques que nous concevons à juste titre comme plaques tournantes de sa

---

[69] M.HENRY, *Une philosophie de la réalité*, Paris, Gallimard, *coll. Nrf, 1976,*

[70] M.HENRY, *Une philosophie de la chair*, Paris, Seuil, 2000,

[71] M. HENRY, *La phénoménologie matérielle*, Paris, PUF, 1990.

[72] M.HENRY. *C'est moi la vérité, Pour une philosophie du christianisme*, Paris. Seuil, 199.

pensée, nous désirons tout d'abord cerner la nouvelle tâche qu'il assigne à la phénoménologie comprise avec Husserl comme une méthode d'accès intentionnel à l'objet partant d'une réduction de la réduction jusqu'au concept de l'auto-affection. Bien après, nous ferons appel au concept de donation et celui d'Archi-Vie, avant de suivre pas à pas l'élaboration de sa phénoménologie.

A vrai dire, il n'est pas aisé de limiter le projet philosophique d'un auteur qui a énormément écrit et a tenu de nombreuses conférences publiées sous formes d'articles. C'est d'ailleurs cette raison qui nous interdit de le classer dans un quelconque courant philosophique. Il y a plus. Michel Henry n'a désiré autre chose que la défense de la vie dans ses multiples épiphanies, ce qui rend encore difficile tout projet qui vise à dessiner un contour à sa philosophie. Lorsque Michel Henry parle de la phénoménologie de la vie, à quoi fait-il allusion ? Avant de parler de la phénoménologie de la vie, interrogeons d'abord le concept de phénoménologie et le sens que lui donne Michel Henry.

II.2. Phénoménologie : réduction de la réduction

D'où remonte le concept de phénoménologie[73]? Qu'est-ce que la phénoménologie au sens général ? Où réside la spécificité de la phénoménologie henryenne par rapport à celle développée par ses prédécesseurs ? Au sens propre, la phénoménologie est la science qui étudie la méthode d'accès au réel, à un objet défini. Mais, chez Michel Henry, le concept de phénoménologie est polysémique parce qu'il renvoie à plusieurs notions, entre autres, celle de la réduction de la réduction, mais également celle de l'apparaître. A tout bien considéré, la phénoménologie de l'apparaître de l'apparaître suppose qu'on ait dépassé une fausse conception de l'intentionnalité, du moins selon le sens accordé par Husserl. A une

---

[73] Le terme phénoménologie apparaît sous la plume d'Henri Lambert en 1734. Ce dernier lui attribue le sens de 'doctrine de l'apparence'. L'émergence de cette pensée chez Lambert est probablement liée à l'intensité de son activité scientifique, notamment en astronomie. Il est par ailleurs l'auteur d'un texte sur la philosophie de la connaissance (épistémologie), intitulé « Le nouvel organon » par analogie avec « l'organon » d'Aristote. Le terme de 'phénoménologie' est repris par la suite par Kant et surtout par Hegel en 1807. Ce dernier fait paraître le célèbre texte « La phénoménologie de l'esprit » qui offre une histoire du développement de la conscience, de la simple sensation jusqu'à la raison universelle ou 'savoir absolu'. C'est dans ce texte qu'est exposée la fameuse 'dialectique du maître et de l'esclave' qui met en évidence le rôle d'autrui dans la constitution de la conscience. Mais c'est avec Husserl au début du XXe siècle, que la phénoménologie naît vraiment. Il ne s'agit pas réellement d'une doctrine ou d'un système mais plutôt d'un mouvement de pensée qui se donne pour mission de décrire ce qui apparaît en tant qu'il apparaît. Pour cela, on élabore une méthode : « la méthode phénoménologique ».

telle condition, on se voit contraint avec Michel Henry de penser l'intentionnalité non plus comme ce qui vise à se tenir en elle-même, en tant qu'elle se jette hors d'elle dans « une immédiation telle que son voir n'est plus rien d'autre en réalité que l'être-vu de ce qui est vu [...] »[74] mais plus l'acte d'être vu, l'acte d' apparaître.

Une telle conception de l'intentionnalité, parce ce qu'elle court le risque de confondre l'être manifesté et l'être vrai, doit, en ce sens, être dépassée. Voilà pourquoi, Michel Henry va devoir s'intéresser à l'être vrai des étants manifestés, à la vérité de l'être selon le langage heideggérien. Ce qui va donc mobiliser la phénoménologie de Michel Henry, c'est la quête de l'être-vrai de ces étants et, par-là, statuer sur la véracité de la connaissance que nous pouvons en avoir. « De la sorte, le projet de faire retour à la chose même est dénaturé puisque celui-ci se réduit désormais à celui d'une science de l'étant »[75] De là, la question de l'apparaître de l'apparaître, - qui est comme nous l'avons dit l'objet de la phénoménologie de Michel Henry, à savoir, celle de l'auto-apparaître de l'apparaître, pourtant -, est désormais ramenée à la question de la validité de l'étant.

Aller aux choses-même ne suffit pas, il faut encore découvrir l'essence de ces choses manifestées, mieux il faut découvrir leur vérité profonde, celle qui ne peut être limitée à une simple manifestation. Pour découvrir cette vérité de l'être manifesté, il n'y a pas une autre voie que la réduction au sens d'aller au fond des choses pour en découvrir une vérité intérieure, celle que nous appellerons plus loin la vie. Une telle phénoménologie, parce qu'elle se veut un dépassement de l'intentionnalité constituante et opérante, pose la vie comme essence de la manifestation, étant entendue qu'elle accomplit sa propre révélation, l'auto-apparaître de l'apparaître n'est pas l'apparaître de l'étant[76]. Plus fondamentalement, la vie, qu'il s'agit de la situer dans un univers invisible, relève de l'auto-apparaître et ne peut se révéler que dans une réduction radicale, non pas seulement de l'intentionnalité, mais de l'*ek-stase* heideggérienne.

C'est en ce sens qu'il est nécessaire, selon Henry, de pratiquer la réduction la plus radicale qui soit, puisqu'il s'agit d'opérer la réduction de la réduction ou pour le dire de façon quelque peu paradoxale, pratiquer une méthode qui exclut toute méthode. On comprend alors mieux la condition que pose Jean-Michel Longneaux,

---

[74] M. HENRY, *De la phénoménologie*, p. 110.
[75] D. DARCIS, *Op.Cit*, p. 6.
[76] M. HENRY, *De la phénoménologie*, p. 114.

pour qu'une telle réduction de la réduction se réalise : elle ne peut advenir, qu'au terme du parcours, « comme son ultime étape »[77].

En fait, et cela se vérifiera en mesure que nous cheminerons, la réduction de la réduction, mais aussi la méthode qui exclut toute méthode, ne nous laisse conséquemment pas dans le monde mais nous rend à l'épreuve de ce que nous sommes. Autrement dit, elle ne nous arrache pas du monde mais elle nous ramène à ce qui est au fond de nous. Ou encore, la réduction de la réduction, sans nous tourner vers ce qui est extérieur, nous renvoie en nous-mêmes, mieux elle nous tourne vers nous-mêmes. Voilà ce qui justifie le recours récurrent au concept de vie comme auto-affection, comme quelque chose qui se sent elle-même sans intermédiaire, ni intentionnalité. Fonder la phénoménologie sur le concept de vie comme auto-affection, cela pourrait se comprendre dans la mesure où nous mettons hors-jeu la phénoménalité du monde pour saisir le *s'éprouver* soi-même de la vie, dont la matière phénoménologique n'est autre qu'un pathos. On ne peut s'empêcher de voir dans une telle phénoménologie la méthode cartésienne, fondée sur un doute radical, au terme de laquelle seule demeurait l'impression du cogito. Il ne s'agit donc pas de procéder à un épochè partiel, car notre épochè nous conduit à la « vie invisible s'apportant elle-même comme ce qu'elle est, autrement dit, s'auto-apparaissant en tant que tout se sentir soi-même est un apparaître de soi à soi et conséquemment un contact de soi à soi »[78]. En clair, la phénoménologie de Michel Henry, est une phénoménologie de l'apparaître de l'apparaître, -étant entendu que l'apparaître de l'apparaître est irréductible à toute méthode, car c'est ce qui s'auto-révèle au terme d'une réduction radicale, ce qui s'apparaît à elle-même, parce qu'elle est auto-donation, automanifestation, auto-affection.

II.2. La phénoménologie : apparaître de l'apparaître

Dans l'optique de Michel Henry, la phénoménologie repose sur quatre principes fondamentaux à savoir « autant d'apparaître autant d'être »[79], « toute

---

[77] J.-M. LONGNEAUX, « La réduction radicalisée comme passage du premier au troisième genre de connaissance », dans Id. (éd.). Retrouver la vie oubliée. Critiques et perspectives de la philosophie de Michel Henry, Namur, Presses Universitaires de Namur, 2001, p. 62

[78] D. DARCIS, « *Comment dire la praxis transcendantale chez Michel Henry?* ». Op.cit, p.7.

[79] Cette première formulation est héritière de l'école de Marburg, et elle se veut une méthode rigoureuse et radicale qui réduit toute la phénoménologie à une étude de l'apparaître, proche de l'apparence.

intuition comme source de droit pour la connaissance »[80], « droit aux choses mêmes »[81], « d'autant plus de réduction, d'autant plus de donation »[82]. A travers ces quatre principes, une certaine indétermination peut être dégagée, celle justement qui entraîne d'une part, une confusion latente entre l'être et l'apparaître et d'autre part, une corrélation entre l'apparaître et l'être. Parfois aussi cette relation ressemble à une identité. Il suffit simplement de s'en tenir au premier principe pour avoir cette confusion. Michel Henry dénote cette confusion en ces termes :

> « Quand le principe dit : « autant d'apparaître, autant d'être, et ne vise ni l'extension, ni en quelque sorte l'intensité des déterminations phénoménologique et ontologique qu'il met en rapport mais justement l'identité de leur essence…C'est dans la mesure où l'apparaître apparaît et pour cette raison l'être est…parce que l'apparaître déploie son règne que l'être déploie le sien, parce qu'ils ont un seul et même lege, une seule et même essence. Or, dès que nous voulons penser plus avant cette essence de l'apparaître et de l'être, nous sommes obligés de la mettre en question, car l'apparaître et l'être, en dépit de cette identité supposée de leur essence, ne se tiennent nullement sur le même plan, leur dignité ontologique, si l'on peut le dire, n'est pas la même-tant s'en faut : l'apparaître est tout, l'être n'est rien. Ou plutôt n'est que parce que l'apparaître apparaît et pour autant qu'il le fait. L'identité de l'apparaître et de l'être se résout dans la fondation du second dans le premier ».[83]

Si donc, il n'y a pas, à proprement parler identité de l'apparaître et de l'être mais bien plus, fondation de l'être dans l'apparaître, on comprend alors le privilège que Michel Henry accorde à l'apparaître. Il est en quelque sorte le lieu où l'être se pose, le champ où il se manifeste. Et la phénoménologie doit en ce sens prendre au sérieux non pas l'être autant qu'il est l'apparaître, mais l'apparaître autant qu'il révèle l'être. C'est dire que aussi longtemps que l'être ne vient à la lumière, aussi longtemps qu'il ne se dévoile par l'apparaître de l'apparaître, il n'est rien, au sens qu'il n'a pas

---

[80] Cette deuxième formulation est héritière de la phénoménologie de Husserl, notamment dans les Ideen, I. Pour Husserl, c'est le principe des principes.

[81] Cette troisième formulation est le mot d'ordre, mais parfois aussi le cri de la phénoménologie « *Zun den Sachen selbst* »

[82] Le quatrième principe quant à lui a été défini tardivement par Jean-Luc Marion dans son ouvrage *Réduction et donation*. Il aura beaucoup d'influences dans la nouvelle phénoménologie du vingtième siècle, notamment avec Michel Henry qui en sera le défenseur.

[83] M. HENRY, « Quatre principes de la phénoménologie », in *Revue de métaphysique et de morale*, n°1. 1991, pp.3-25. La version légèrement remaniée de cet article a été publiée dans la collection « Phénoménologie de la vie », Paris, Presse universitaire de France, 2003, pp. 78-104. Nous citerons plus la collection plutôt que l'article auquel nous n'avons pas pu accès.

d'essence qui lui permet d'être, car « son essence d'être se trouve seulement dans son apparaître, qui a déployé sa propre essence à lui ».[84]

En contrepartie, puisque l'essence de l'apparaître ne vient pas de l'être, alors l'essence de l'apparaître consiste dans le fait d'apparaître effectivement. C'est un tournant considérable qui s'opère à ce niveau, car l'identité de l'être et de l'apparaître étant génératrice des contradictions, il nous semble judicieux de partir de l'apparaître. Mais, la compréhension du concept d'apparaître, du moins dans la logique de Michel Henry, doit partir d'une rupture avec la traditionnelle définition de la phénoménologie qui tentait de réduire l'apparaître à une simple manifestation sans essence. La rupture avec cette traditionnelle définition de l'apparaître pour poser une nouvelle approche, peut partir en ce sens de la redéfinition du concept de phénomène dans la perspective d'une phénoménologie de la vie.

A cet égard, notons que, lors d'une conférence prononcée à l'Académie des beaux-arts de Munich en novembre 2000, Michel Henry après avoir revu sa doctrine ainsi que sa conception de la phénoménologie, va tenter une définition à nouveaux frais du concept de « phénoménologie », en rapport avec le concept de vie et c'est en ce sens qu'il se bornera à décortiquer la notion de phénoménologie de la vie. De fait, souligne-t-il d'entrée de jeu :

> « La phénoménologie de la vie, s'inscrit dans le courant philosophique qui a pris naissance en Allemagne à la fin du 19ème siècle, notamment par l'influence considérable de Edmund Husserl et qui, avec des penseurs majeurs comme Martin Heidegger et Max Scheler, s'est constitué à travers tout le 20eme siècle pour être vivant aujourd'hui, en France notamment ».[85]

Si donc la phénoménologie que veut inaugurer Michel Henry est en étroite relation avec celle qui a été développée par Heidegger et Husserl, si donc elle est tributaire de l'intentionnalité husserlienne et de l'ontologie heideggérienne, l'on est en droit de se demander d'où alors réside son originalité ? Est-ce à partir de l'objet qu'il s'assigne, à savoir la vie dans son effectuation ?

Avant d'en arriver à l'objet, Michel Henry pousse un peu plus loin la définition de la phénoménologie. Pour lui, en effet, s'il est vrai que les autres sciences - physique, chimie, biologie, histoire, etc.- ambitionnent d'élucider les phénomènes spécifiques, la phénoménologie quant à elle, « s'interroge sur ce qui permet à un

---

[84] M. HENRY « Quatre principes de la phénoménologie », in *Phénoménologie de la vie*, p.79.
[85] M. HENRY, *Phénoménologie de la vie*, Paris, PUF, 2003, p.60.

phénomène d'être, c'est-à-dire sur la phénoménalité pure en tant que telle »[86]. Il nous faut donc simplement comprendre la phénoménologie comme non pas l'étude des phénomènes spécifiques tel que le traduit son étymologie, mais, comme étude de l'être des phénomènes. Ou encore, plutôt que de réduire la phénoménologie à l'étude de ce qui apparaît, il faut en tout cas discerner la « manifestation pure »[87], celle qui essaie de faire apparaître l'être des phénomènes dans son originalité. Il y a donc une distinction qui s'impose, en vertu du fait que les phénomènes doivent être distingués de la phénoménalité : d'une part, nous avons la sphère visible des phénomènes considérés comme contenu particulier et d'autre part, nous entrevoyons la sphère invisible de la phénoménalité. « En d'autres termes la distinction entre ce qui se montre, ce qui apparaît et le fait de l'apparaître pur en tant que tel »[88]. Autrement dit, une différence majeure à établir entre l'apparaître de l'apparaître, ce qui apparaît et l'acte de l'apparaître.

A considérer de près cette distinction, quelques considérations peuvent être dégagées. Tout d'abord, c'est la question de la prééminence. Qu'est-ce qui doit être considéré en première position ? Est-ce l'être ou l'apparaître ? Si nous mettons l'accent sur la préséance de l'apparaître sur l'être, on prétend dès lors souscrire à la formulation de Husserl qui soulignait avec insistance la préséance de la phénoménologie sur l'ontologie, à travers une formule demeurée célèbre : « autant apparaître, autant être », ou encore son mot d'ordre « droit aux choses mêmes », comme pour dire que c'est seulement quand une chose apparaît d'une manière ou d'une autre, que l'on peut en conclure qu'elle est. C'est ce que pense Michel henry en radicalisant cette préséance. Il est, en effet, d'avis que « c'est seulement si l'apparaître apparaît en lui-même et en tant que tel que quelque chose, quoi qu'il soit, peut apparaître à son tour, se montrer à nous. » [89]

Mais que signifie l'apparaître à lui-même, sinon une certaine indétermination, sinon les phénomènes sans phénoménalité, celle-là même qui est caractéristique de la phénoménologie traditionnelle, en vertu du fait qu'elle a mis un accent sur la matière phénoménologique pure au grand dam de « l'acte d'apparaître qui n'est pas phénoménalité »[90]. Entendons par là, ce qui fait qu'un phénomène est considéré

---

[86] *Idem.*

[87] La manifestation pure signifie dans le langage de Michel Henry, dévoilement pur, monstration pure, acte d'apparaître, dé-couvrement, révélation, ou encore plus radicalement : vérité profonde.

[88] M. HENRY, *Op.cit.* p.60. (Cette distinction avait déjà été formulée par Heidegger dans *Sein und Zeit*. Lorsqu'il distingue la vérité au sens second, c'est-à-dire, ce qui est vrai, ce qui est dévoilé, et d'autre part, le dévoilement en tant que tel, le « phénomène le plus originaire de la vérité (Das ursprünglichste der Wahrheit - M, Heidegger, *Sein Und Zeit,* p.220-221.)

[89] M. HENRY, *Phénoménologie de la vie*, p. 60

[90] Le concept de phénoménalité, renvoie ici à la perception des objets du monde, soit, en définitive, à l'apparaître du monde.

comme tel, c'est-à-dire comme pur phénoménalité. L'apparaître pourtant n'est pas pur phénoménalité. C'est une révolution qui se repère ici dans la compréhension de l'apparaître, révolution qui est tout aussi une ouverture à un autre examen : celui de la distinction entre l'apparaître[91] et l'acte d'apparaître.

Pour Michel Henry, ce rapport doit être élucidé en partant de l'intentionnalité husserlienne, que l'on comprend généralement comme mouvement de la conscience vers l'objet, mouvement par lequel la conscience se jette au-dehors, dans une venue au-dehors, produit la phénoménalité. De ce mouvement, les objets sont alors saisis comme des objets pour une conscience et la conscience devient une conscience de, une conscience qui rend visible les objets posés devant elle sous forme d'une « donation »[92]. C'est en tout cas, la conscience qui les manifeste, qui les met à jour et les fait apparaître. C'est dans la relation entre la conscience et les objets que l'on peut alors penser la phénoménologie ayant dès lors pour mécanisme, le mode d'apparaître, de telle sorte que le mode de l'apparaître des objets revêt un double sens : « en ce sens que ce qui apparaît, c'est l'objet en ce sens aussi que ce qui apparaît étant l'objet, le mode d'apparaître ici en question est le mode d'apparaître qui rend visible l'objet »[93].

Toutefois, on n'acceptera pas facilement que cet accent mis sur le mode d'apparaître soit la méthode fondamentale et caractéristique de la phénoménologie, sans nous interroger sur un autre aspect de l'internationalité qui semble sombrer dans l'amnésie : « l'intentionnalité qui fait voir toute chose, comment se révèle-t-elle elle-même »[94]. Pour Michel Henry, étant entendu que cette question conduit plus souvent la philosophie classique à placer une autre conscience, capable de prendre conscience de l'intentionnalité ce qui pourrait conduire à un dédoublement *ad infinitum* des consciences, l'exigence s'impose de penser une conscience originaire. De même, c'est cette difficulté de multiplier les consciences qui, dans une certaine mesure justifie pourquoi la phénoménologie ne peut révéler l'intentionnalité qui fait voir toute chose et ne peut se limiter alors qu'à la conscience qui dévoile, et qui fait apparaître. Aussi la phénoménologie met-elle en lumière, un

---

[91] Déjà, chez Heidegger, l'apparaître du monde est conduit à son plus haut degré d'élaboration. On peut le voir dans *Sein Und Zeit*, dans le septième paragraphe. Il y décrit les phénomènes comme *phainomenon-* à partir de la racine *pha, phos*, qui signifie la lumière. En ce sens apparaitre, signifie venir à la lumière, se phénoménaliser. Dans la deuxième partie du même livre, Heidegger, présente la lumière sous une forme de clarté, ce à quoi quelque chose peut advenir et le monde, est alors décrit comme horizon *ek-statique* de visibilité à l'intérieur duquel toute chose peut devenir visible.

[92]. C. HUSSERL, *Leçons pour une phénoménologie de la conscience intime du temps*, Paris, PUF, 1964 p. 157.

[93] M.HENRY, *Phénoménologie de la vie*, p. 60.

[94] *Ibid*, p. 61.

monde qui est désormais le lieu du dévoilement des objets, un monde qui, comme le dit Heidegger, est une « temporalité du hors de soi originaire »[95].

Et pourtant, partout où il y a un monde, il y a apparition des objets, de telles sorte que l'apparaître du monde, appartient à un hors de soi, une visibilité de quelque chose. C'est de cette visibilité dont parle Michel henry dans sa phénoménologie de la vie dont la première partie, parce qu'elle est une essence tout à fait particulière comme nous le montrerons dans la suite, n'est susceptible d'apparaître que sans l'apparaitre du monde. Pour autant que le *hors de soi*, signifie extériorité, et que le dehors est une pure manifestation, alors nous comprenons pourquoi une phénoménologie de la vie, doit conduire à la plus haute intériorité des phénomènes. Haute, parce que la structure purement ek-statique nous montre que « tout ce qui est hors de moi est autre que moi et que tout ce qui est hors de soi est autre que soi »[96].

Cette alternative conduit inéluctablement, à un dédoublement des altérités en une déférence et même en un délaissement. Michel Henry nous met en garde contre une telle radicalisation du dehors, un dehors qui est abandon et perdition.

> « Tout ce qui se montre dans le monde se montre au-dehors : comme extériorité, comme autre, comme différent. Extérieur, parce que la structure à laquelle il se montre est celle de l'extériorité. Autre, parce que cette structure ek-satique est celle d'une attente primordiale. Différent, parce que cette ek-stase est identiquement une différence, l'opération qui, creusant l'écart d'une distance, rend différent tout ce à quoi il est donné d'apparaître à la faveur de cette mise à distance dans l'horizon du monde. Un tel apparaître, détourne de soi avec une telle violence, il jette au-dehors avec tant de force, n'étant rien d'autre que cette expulsion originaire d'un dehors, que tout ce à quoi il donne d'apparaître ne peut jamais être autre chose, en effet, que de l'extérieur, au sens terrible de ce qui, mis dehors, chassé en quelque sorte de sa demeure véritable, de sa patrie d'origine, privé de ses biens les plus propres, se trouve dès lors abandonné, sans appui, perdu »[97].

Chassé de la demeure véritable de sa patrie d'origine, le monde est ainsi dévoilé, il se manifeste et est illuminé par l'apparaître. L'apparaître qui illumine le monde, le fait sans aucune préférence, sans discrimination, sans intimité ni inimitié. L'apparaître qui éclaire le monde le fait sous forme d'une donation totale et sans mesure. « Comme la lumière dont parle l'Ecriture et qui luit sur les justes et les

---

[95]M. HEIDEGGER, *Sein Und Zeit*, p. 329.
[96] . HENRY, *Phénoménologie de la vie*, p.62
[97] *Idem.*

injustes, l'apparaître du monde éclaire tout ce qu'il éclaire sans faire acception des choses ou des personnes, dans une neutralité terrifiante ».[98]

Qu'on se le dise, manifestement, une telle indifférence de l'apparaître, une telle neutralité, cache quelque chose de radicale : une certaine indigence. En effet, l'apparaître parce qu'il est indifférent à ce qu'il dévoile, ne lui donne pas non plus son existence et c'est la raison pour laquelle Michel Henry ira même jusqu'à voir dans cette neutralité et dans cette indifférence de l'apparaître, une certaine « impuissance »[99]. La justification de cette puissance est liée au fait que l'apparaître considéré comme un dévoilement, n'a d'autre mission que de dévoiler, de faire découvrir. Il ne peut en aucun cas créer, quoique se criot. Il ne peut même pas se créer lui-même. Ainsi se découvre « l'indigence ontologique »[100] de l'apparaître du monde qui ne peut être capable de poser une réalité nouvelle.

De là, la question du monde considéré comme pure phénomène, pure manifestation, pur dévoilement souffre en ce sens de cette insuffisance ontologique. L'insuffisance ontologique de l'apparaître nous provoque alors à nous demander s'il existe une source dans laquelle l'apparaître puise sa lumière, une source qui est autorévélation, auto-apparaître, automanifestation, une source qui serait l'essence de toute manifestation. On le sait, il est impossible que la structure phénoménologique de cette essence de toute manifestation ne soit pas posée par une raison en quête de principe de causalité. En outre, cette source essentielle doit avoir un mode d'apparaître différent des autres formes d'apparaître. Tout en étant de part en part phénoménologique, cette essence de toute manifestation ne doit être «ni un étant ni un mode d'être de l'étant »[101], elle est ce que Michel Henry appelle la vie.

Dans une certaine mesure, cet accent placé sur la phénoménologie en tant qu'étude de l'apparaître, vient jeter un discrédit sur l'ontologisme, cette tendance à penser l'être comme un pur en soi. En effet, l'être, pour notre phénoménologue de la vie n'a aucun sens en dehors de l'apparaître. En dehors de l'apparaître, il n'a ni force,

---

[98] M. HENRY, *Phénoménologie de la vie*, p.63.

[99] *Ibid*, p. 63.

[100] Expression empruntée à Heidegger, mais que l'on retrouve déjà chez Kant dans la *Critique de la raison pure* où la question du monde est comprise comme phénoménologie et co-constituée par les formes *a priori* des intuitions pures (espace et temps) ainsi que la synthèse que réalise l'entendement pur. Et chez lui, justement, les catégories de l'entendement ont la même signification phénoménologique fondamentale, celle d'appartenir au faire voir et de le rendre possible en assurant la synthèse. On comprend alors pourquoi, chez Kant, la représentation signifie le poser-devant soi, ce qui rejoint en fait, ce que Heidegger entend par apparaître. Mais, comme nous le savons, Kant a dû recourir à la sensation pour faire apparaître la réalité et ce recours à la sensation, c'est cela que Michel Henry appelle la vie qui a un mode d'apparaître différent, bien qu'elle soit de part en part phénoménologique,

[101] *Idem*, p. 64.

ni volonté. Il est en quelque sorte une *flatus vocis*, c'est-à-dire sans force et sans volonté. Il reçoit sa volonté et sa manifestation de l'apparaître, à telle enseigne que l'apparaître constitue son pouvoir *sui generis*, un pouvoir qui lui fait être toute chose. De cette définition de l'être, on comprend que l'apparaître doit être pris au sérieux en tant qu'il est sans aucun doute ce qui fait être toute chose. La conséquence de cette définition s'impose de soi : « plus haut donc que l'ontologie, se tient la phénoménologie ».[102]Une telle affirmation, on le voit, nous conduirait au constat selon lequel il y a décidément une préséance de la phénoménologie sur l'ontologie et que cette dernière n'est qu'un préalable dont la phénoménologie est l'effectuation.

La question serait alors de savoir s'il existe une phénoménologie pure, susceptible de se relever à la hauteur de l'ontologie. La pure phénoménologie considérée en tant que telle, c'est celle que Descartes[103] nommait déjà *cogitatio*, dans les *Regulae*, mais aussi dans les *Méditations*, où en tout cas la relation entre être et apparaître est mise à nu : « je suis une chose qui pense, c'est-à-dire dont tout l'être est de penser »[104]. C'est ici que le lien inextinguible entre l'être et l'apparaître démontre un élément capital qui est le principe premier de la phénoménologie, à savoir : « autant d'apparaître, autant d'être », comme pour renforcer l'idée selon laquelle, il n'y a aucun être qui serait en soi différent de l'apparaître de l'apparaître, un être que l'on réduit à l'apparaître. La relation devient alors visible, parce qu'elle met en exergue le lien entre la pensée et la chose. Rien ne sert donc de relativiser la chose. Bien au contraire, toute chose est le lieu dans lequel se pose l'être, elle est en quelque sorte son apparaître.

Prendre au sérieux la nature de la chose, nous conduit alors à une analyse du troisième principe, celui que nous avons présenté comme un cri, comme un mot d'ordre : « droit aux choses mêmes », c'est-à-dire aller directement à l'apparaître sans détour, sans nécessairement passer par l'être. Le privilège accordé alors aux phénomènes, ainsi que la nécessité d'aller tout droit à l'apparaître, ne signifie pas l'oubli de l'être, mais plus, la mise en jeu d'une méthode, d'un mécanisme qui permet et facilite l'accès aux choses, à l'objet en tant que tel. Ce qui est donc important, c'est la nature de l'objet, car c'est bien lui en dernière analyse, qui décide « du moyen approprié à sa connaissance, c'est-à-dire enfin de compte du moyen d'accès à lui-même, qui dit ce que doit être celui-ci, quelle procédure et quelle méthodologie il convient de mettre en place de façon à pouvoir saisir un tel objet, à

---

[102] M.HENRY, *Phénoménologie de la vie*, p. 79.
[103] R. DESCARTES, cité par P. COSTABLE et B. ROCHOT, *Œuvres de Descartes*, p. 22.
[104] M. HENRY, *Op.cit.*p.79.

l'atteindre lui-même et tel qu'il est »[105]. Si donc ce qui compte c'est uniquement la nature de la chose et que c'est cette nature qui dicte la méthode pour saisir l'objet, il devient donc moins important de souligner la subordination de la phénoménologie sur l'ontologie, en optant pour le questionnement quant à la manière d'accès à l'objet.

Que l'on se souvienne cependant de ce qui a été dit de l'onto-phénoménologie heideggérienne qui considère l'être comme toujours et déjà découvert, posé devant, jeté, etc. A la question de savoir que, ce qui importe, c'est la nature d'accès aux choses, nous nous sentons donc conviés à ajouter que, ce qui est certes plus important encore, c'est la manière dont les choses se font voir, se donnent et se positionnent en face de nous.

Se donner, se positionner, se manifester, se dévoiler, se faire voir, c'est tout cela qui sous-tend la problématique du visible, à telle enseigne qu'il est peut-être plus simplement de définir la phénoménologie comme la manière dont les objets se rendent visibles à nous. Du coup, la phénoménologie retrouve la définition classique que Michel Henry reformule comme une « étude de la manière dont quelque chose se montre »[106]. Elle ne peut en aucun cas, se limiter à la simple intentionnalité, pour autant que celle-ci ne puisse être saisie en elle-même. C'est d'ailleurs cette difficulté de saisir l'apparaître de l'intentionnalité qui va conduire Henry à mettre en mal la phénoménologie husserlienne : si l'intentionnalité donne l'étant, se donne -t- elle-même dans une intentionnalité ?

> « L'apparaître de l'intentionnalité opérante ne peut d'aucune façon se réduire au faire voir de ce qui est vu en elle puisque, comme l'a montré la critique adressée à Husserl, *se faire voir* n'est autre que l'être vu de l'étant. Ainsi y a-t-il une impossibilité d'accéder à l'intentionnalité par l'intentionnalité : la visée ne peut être saisie comme visée dans une intentionnalité puisque celle-ci se définit et s'accomplit dans ce qui est visé par elle et différent d'elle. Pour le dire plus simplement, la vision peut se saisir comme vision en train de voir dès lors que celle-ci est définie par une vue extérieure au voir »[107].

Cette définition en effet est elle aussi atteinte par une contradiction et verse en quelque sorte dans la confusion entre le quelque chose qui se montre et l'acte de se montrer. De part en part, il s'agit d'une confusion entre l'être de la chose qui se montre et la chose en tant qu'elle se montre. Et l'on comprend alors pourquoi une

---

[105] *Idem*,p.81.

[106] M. HENRY, *op.cit.*p.79.

[107] D. DARCIS, « Comment dire la praxis transcendantale chez Michel Henry ? », p. 6.

meilleure définition de la phénoménologie doit à tout le moins, se garder à la fois de confondre l'être et l'apparaître, moins encore de les associer.

Une piste demeure encore inexploitée, celle de la permanence de l'apparaître, ce que nous pouvons appeler l'acte d'apparaître en tant qu'il demeure lorsque tout apparaître passe. Dans la définition de la phénoménologie, il est important de souligner « la constante permanence de l'apparaître lors même que se modifie sans cesse ce qui apparaît en lui »[108]. Cette constance de l'apparaître, parce qu'elle n'a pas d'objet, se détache ainsi et de la définition ontologique et de la définition ontique, pour être à la manière d'une lumière, celle qui éclaire toute chose, sans être elle-même éclairée par quoi que ce soit. Pour être celle qui donne et qui se donne à elle.

II.3. La phénoménologie comme donation

Que la phénoménologie soit considérée comme une lumière qui donne à chaque apparaître de venir à la lumière, voilà justement ce qui établit entre l'apparaître et l'acte d'apparaître, une relation de donation, une relation qui nous renvoie ainsi au quatrième principe de la phénoménologie : la donation. Alors que la « réduction saisie dans sa signification phénoménologique n'est autre qu'une réduction à l'apparaître »[109], la donation fait de l'apparaître le bénéficiaire d'une lumière qui le fait être en tant qu'apparaître. On voit alors surgir une différence absolue entre deux modes d'apparaître, entre « deux mondes hétérogènes de manifestation ». [110] Ces deux mondes nous conduisent à une différenciation, elle aussi importante : il s'agit de la différence qu'il faut désormais établir entre la substantialisation phénoménologique et la phénoménologie pure.

Pour en saisir la différence et dans le but de poser sur la phénoménologie un regard exigeant, Michel Henry nous situe alors sur le terrain d'une phénoménologie matérielle. Lorsqu'il parle de la phénoménologie matérielle, notre auteur n'a pas la prétention de réduire la phénoménologie à n'être qu'une étude de ce qu'il y a de matériel dans l'apparaître, mais au contraire, il cherche à poser la simple question de « la possibilité d'une matière phénoménologique *impressionnelle,* telle que celle d'une auto-affection en son essence pathétique »[111]. Poser une phénoménologie sous les modes d'une auto-affection, c'est déjà déplacer le plan sur lequel nous étions au préalable fondés, en nous orientant ainsi sur le plan qui fait de la

---

[108] *Idem.*
[109] M.HENRY, *Op.cit.* p.88.
[110] *Idem.*
[111] M. HENRY, *Op.cit.*p.88

phénoménologie la réduction[112] de l'être et de l'apparaître, en une relation à notre être, à notre apparaître, sous la modalité d'auto-affection, de donation et d'ouverture.

La réduction henryenne, parce qu'elle est distincte de ce qu'en dit Husserl, conduit essentiellement à une relation intime avec l'apparaître que l'on peut dès lors ressentir comme « une donnée absolue »[113], comme la donation elle-même. Et l'objet de la phénoménologie, n'est plus ainsi le mode de l'apparaître, mais bien au contraire le mode de donation, ou encore le comment de la donation[114]. Ainsi, la réduction radicale, réduit à l'apparaître lui-même, bien plus :

> « Elle met de côté en lui, cette plage de lumière que nous appelons le monde pour découvrir ce sans quoi cet horizon de *visibilisation* ne deviendrait jamais visible, à savoir l'auto-affection de son extériorité transcendantale dans le *pathos* sans dehors de la vie. Seule une réduction qui va jusqu'au bout de la capacité de réduire, qui suspend la « *Dimensional* » extatique de la visibilité ou se jettent toute intuition donatrice concevable et l'évidence elle-même, tout faire voir possible, découvre la donation originelle, celle qui, donnant la vie à elle-même, lui donne d'être la vie…Aussi, faut-il pousser la réduction à son terme selon le plus qui la radicalise pour que la donation se donne à elle-même et sans lequel rien, pas même l'étant le plus trivial, ne serait jamais donné »[115].

Pousser la réduction à son terme, au point où elle devient totale donation de soi à soi, c'est cela qui nous permet de comprendre le quatrième principe de la phénoménologie tel qu'il a été énoncé par Jean-Luc Marion[116] : « d'autant plus de réduction, d'autant plus de donation ». Pousser la donation à son terme extrême, c'est plus encore suivre Michel Henry, sur les chemins inouïs d'une donation qui va jusqu'à la donation ultime, celle de la vie qui n'a ni esquisse, ni horizon de *remplissement*, ni contenu venant à le remplir, de telle sorte qu'au terme de cette

---

[112] La réduction ne doit pas être comprise ici au sens négatif, mais plutôt positif. Dans le langage de Michel Henry, elle signifie en quelque sorte l'ouverture, la donation. Dans son principe, la réduction est alors une phénoménologie et elle l'est pour cette raison qu'elle se rapporte à l'objet même de la phénoménologie qui est devenu le comment de la donation.

[113] E. HUSSERL, *L'idée de phénoménologie*, p. 60.

[114] E. HUSSERL, *Leçons pour une phénoménologie de la conscience intime du temps*, p. 157

[115] M. HENRY, *Op. cit*, p. 91

[116] J-L. MARION, *Réduction et donation*, Recherche sur Husserl, Heidegger, et la phénoménologie, PFU, Paris, 1987.

réduction radicale, rien d'autre que la vie ne se donne étant entendu que cette dernière est l'apparaître lui-même qui fort malheureusement n'a pas été élucidé par la phénoménologie classique.

Mais l'on peut se demander à la suite de Michel Henry pourquoi la phénoménologie classique s'est-elle limitée à l'apparaître de l'étant, au point d'ignorer tout ce qui, en fait d'apparaître, serait radicalement d'un autre ordre, sinon parce que c'est l'étant qu'elle a pris pour guide ? Il faut donc rompre avec l'apparaître de l'étant pour ne considérer que l'acte d'apparaître dans sa radicalité, sa transcendance et son immanence ; ce que Jean-Luc Marion[117] appelle justement la « réduction qui va jusqu'à la donation originaire », mais qui n'est autre chose que la phénoménologie de la vie, comprise comme pure donation, comme appel à une vie qui apparaît comme en un mode de *phénoménalisation[118]* n'étant autre chose que l'autorévélation de la vie. Comment dès lors concevoir cette phénoménalisation vivante et lui donner un modèle et une structure capable de subsumer sous elle, n'importe quel type de donation et d'appel à la vie, sans recourir à une phénoménologie de la vie ?

Le moins qu'on puisse dire maintenant sur la vie, et que nous devons garder en arrière- pensée est que la vie, dans le langage de Michel Henry, ne se voit pas de l'extérieur, elle n'apparaît jamais dans l'extériorité du monde. La vie se sent et s'éprouve elle-même dans son intériorité invisible et dans son immanence radicale. De même que dans le monde nous ne pouvons voir la vie elle-même, mais seulement des êtres vivants où est impossible de voir l'âme d'autrui, de même il est difficile de voir la vie comme un objet.

Si donc la vie est invisible, on peut alors se demander comment l'appréhender, ce qui conduit Michel Henry à élaborer « une pensée de la vie »[119], non pas en termes d'objet, mais à titre d'affectivité et d'essence qui « se révèle dans l'immanence radicale : elle est tout aussi son pur pathos »[120]. Parce que la vie est essence d'immanence radicale, elle est tout aussi polysémique ; on ne peut donc s'interdire de laisser rebondir la question que se posse notre auteur : qu'est-ce que nous appelons la « Vie » ?[121]

---

[117] J-L. MARION, *Réduction et donation*, pp. 211- 247.
[118] M. HENRY « Quatre principes de la phénoménologie », *in Phénoménologie de la vie*, p. 103.
[119] M. HENRY « Une pensée de la vie », *entretien avec R. Vaschalde*, pp. 82-83.
[120] M. HENRY, « La vie se révèle dans l'immanence radicale de son pur pathos », p. 403.
[121] M. HENRY, « Qu'est-ce que cela que nous appelons la vie ? » *in Philosophiques*, Montréal, 1, 1978, pp. 133-150.

Si donc la vie est la conscience de la conscience, c'est qu'il est possible de la poser au fondement même de toute conscience. En ce sens, la vie devient une conscience ontologique, celle qui, à la manière d'une essence, habite toute conscience vivante. C'est par là que nous sommes mis en demeure de penser le passage que Michel Henry établit entre phénoménologie de la vie et l'onto-phénoménologie de la vie.

II.4. De la phénoménologie de la vie à l'onto-phénoménologie de la vie

L'idée centrale de la conception d'une vie comme révélation vise ainsi à refonder la métaphysique et à lui redonner ses lettres de noblesses, après la défaite qu'elle a subie au fil de l'histoire de l'ontologie en controverse avec la philosophie pratique ou avec les sciences positives. Nous poserons cette refondation de la métaphysique sous les auspices d'une métaphysique de la vie comme production de l'être.

Penser la métaphysique comme production de l'être consistera, à penser une praxis transcendantale, entendue comme peinture abstraite qui cherche à rendre manifeste le *pathos* originel de l'invisible. Par visible, nous signifierons la vie telle qu'elle se donne à décrypter dans plusieurs secteurs de sa manifestation qui n'est pas pure matérialité. C'est de cette vie dont parle Jean-Luc Marion[122] pour qui la pensée de Michel Henry est en fin de compte une pensée de l'être de la vie, non pas comme concept pur, mais sa manifestation dans l'art, la politique, l'économie, le langage, la technique, la psychanalyse, la religion, etc. Nous allons, pour clore ce chapitre et considérer ces divers champs d'investigation dans le rapport qu'ils entretiennent avec l'être, en vue de poser l'ontologie comme condition de possibilité et comme essence de l'interdisciplinarité.

Cette question de l'interdisciplinarité, par le détour de la praxis transcendantale sera en ce sens l'élément que nous voudrions ajouter comme apport personnel. Elle se formulera en ces termes : L'Ontologie comme essence de l'interdisciplinarité, étant entendu le rapport entre la métaphysique et les autres disciplines scientifiques, parce qu'elle vise à rechercher au fondement de toutes les sciences, un être premier et de reposer par le fait-même, l'interdisciplinarité de sciences sur ce fond ontologique.

Une réflexion rigoureuse sur l'ontologie de la vie peut nous dévoiler une nouvelle dimension : l'être n'est pas une pure abstraction, de même que les

---

[122] J-L. MARION, *Phénoménologie de la vie, préface*, Paris, PUF, 2004.

phénomènes ne sont pas une pure monstration. Que le concept de l'être soit pensé au-delà de la simple phénoménalité, voilà ce qui nous a amené à reposer l'analyse de la vie comme essence au-delà de la pure extériorité. Pas plus que sur l'essence de l'extériorité, Michel Henry ne s'interroge sur la structure intérieure de l'apparaître que dans le but d'y découvrir une sève commune, une essence profonde et immanente : « Cette essence est justement celle de l'extériorité, c'est elle qui fait de l'étant un objet »[123] . De cette indentification de la vie à l'essence de l'extériorité, on peut dégager une première définition de la vie : la vie est une dimension d'immanence qui transcende toute extériorité radicale et toute visibilité-étant entendu que cette visibilité, cache toujours une invisibilité. Pour le dire avec les mots de Michel Henry, « la vie est invisible »[124].

On ne peut, toutefois pas limiter notre conception de la visibilité à l'apparaître et cela d'autant plus que même l'invisible est souvent pensé comme l'autre face du visible. L'invisible est un concept adéquat pour penser la vie que dans la mesure où nous le distinguons d'un invisible qui n'est qu'un domaine limitatif du visible. Cette conception de l'invisible ne s'applique pas à la conception de la vie, du moins dans la logique de Michel Henry.

L'invisible qui ne se rapporte qu' au concept de la vie, n'a rien avoir avec « non-vérité originelle qui serait au fondement de toute vérité »[125]. Il est donc important de bien définir le champ sémantique auquel nous voulons définir le concept de la vie, comprise comme invisible et cela dans le but de ne pas réduire la vie à un caractère, opaque, insaisissable, inconnaissable, mystérieux et pour ainsi dire nouménale, dans la sphère de l'inconscience. Une telle radicalisation de l'auto-affection, pourrait ainsi nous conduire à la conception d'une vie qui serait comme un fleuve indifférent aux affluents, alors que ce sont justement ces derniers qui l'alimentent. Loin de Michel Henry une telle acception. Car justement chaque vie, bien qu'individuelle, est tributaire du milieu où elle se développe. A cet effet, elle ne peut pas ne pas être affectée par le monde qui l'entoure et qui, dans un certain sens, pourrait le déterminer. Cependant, le rapport au monde extérieur, ne signifie pas nécessairement que la vie perd sa tonalité affective, fondamentale et propre à elle-même. Il existe toujours une surdétermination par l'affectivité originelle, celle qui unifie toutes les autres tonalités, tout en gardant sa structure de fond et son immanence radicale :

---

[123] M. HENRY, *Phénoménologie de la vie*, p. 75.
[124] *Ibid*, p. 48.
[125] *Idem.*

« En tant qu'elle s'éprouve elle-même dans l'immanence radicale de son auto-affection, la vie est essentiellement passive à l'égard de soi, elle est liée à soi, incapable de rompre ce lien, de prendre à l'égard de soi une distance quelconque. C'est là en effet, ce qui caractérise la vie, l'impossibilité d'échapper à soi, d'aménager en arrière de soi une position de repli où il lui serait loisible de retirer, de se soustraire à son être propre et à ce qu'il peut avoir d'oppressant »[126].

Que la vie, s'éprouve elle-même comme une essence originelle affective, en posant le contenu de son affection, ou qu'elle éprouve le contenu de son affection comme ce qu'elle n'a pas posé, mais bien ce qui lui est donné à partir d'un ailleurs, voilà ce qui nous conduit à la pensée aussi comme donation. Elle devient alors passive, en tant qu'elle accueille la venue à soi parce que nous avons appelé plus loin l'autorévélation. C'est dire en clair que quelque chose s'auto-révèle et vient à la vie. Et ce qui vient « est la venue de la vie en soi-même »[127], de telle manière que la vie l'éprouve en s'éprouvant soi-même. Ce qui nous intéresse ici, c'est donc la question de la vie comme essence originaire, comme fondement de toutes les autres vies. La vie comme fondement, on peut le croire, c'est une vie ontologique au sens heideggérien, une vie métaphysique, parce qu'elle est sous-tendue par le double effort de penser « l'être en son essence originaire et fondamental, celui qui, pour Michel Henry, est le maître absolu, la vie absolue »[128]. De cette identité entre l'être premier et la vie absolue, peut alors se dégager une onto-phénoménologie qui, dans la perspective chrétienne, fait de Dieu le fondement de toute vie et de tout être.

II.5. Conclusion partielle

L'idée directrice de ce chapitre aura suffi à nous démontrer que si le projet ontologique débute par l'enquête sur le fondement premier de tout ce qui est, il demeure qu'il s'achève irrésistiblement dans une onto-phénoménologie, celle-ci étant sous-tendue par le concept de l'eau, du *logos*, du devenir, de l'être premier, de l'Un, de l'être commun, du cogito, du noumène et de l'absolu. Dans le premier chapitre, ces concepts se rattachent alternativement aux auteurs que nous avons librement choisi de considérer, à savoir Thalès , Héraclite, Parménide, Platon, Aristote, Thomas d'Aquin, Descartes, Kant et Hegel. Toutefois, si l'histoire de l'onto-phénoménologie semble avoir commencé avec ces auteurs, il reste qu'elle

---

[126] *Idem*, p. 49.

[127] M.HENRY, *Phénoménologie de la vie*, p. 49.

[128] J-L- AKENDA, *Philosophie et problème du Christianisme africain. Pour une philosophie africaine de la vie*, p. 229-230.

trouve sa systématisation dans la pensée de Heidegger et son acmé ou son point culminant dans l'onto-phénoménologie de Michel Henry.

Il y a vraisemblablement un lien incontestable entre d'une part, la phénoménologie de Husserl et la phénoménologie de la vie de Michel Henry. Le chapitre deux s'est proposé donc de rendre manifeste un tel rapport en s'attelant plus sur la nouveauté qu'apporte la phénoménologie de Michel Henry. Raison pour laquelle nous avons choisi de l'intituler « les racines husserlienne et heideggérienne de la phénoménologie de Michel Henry ». De quoi s'agissait-il ?

Il a été question, tout au long de ce chapitre de quêter l'essence commune qui gouverne les phénomènes sous forme d'une logique interne. Raison pour laquelle, le préalable à cette quête ne peut faire l'économie d'une analyse phénoménologique de la conscience subjective dans le but de la *dé-transcendantaliser*. Une telle analyse procède de l'examen de la phénoménologie existentiale de Husserl, ainsi que de la phénoménologie que développe Michel Henry dans l'essence de la Manifestation. Nous avons commencé par la phénoménologie transcendantale de Husserl que nous avons dépassé par l onto-phénoménologie de Heidegger.

En sus, nous avons essayé tout au long de ce chapitre, de montrer à la fois l'inspiration fondatrice de la phénoménologie de Michel Henry, en même temps que l'écart de sa pensée vis-à-vis de celle de Husserl et de Heidegger. D'une part, en séparation avec Husserl cet écart se situe principalement sur deux principes, à savoir « *l'intuition et l'intentionnalité* ». Selon Sébastien Laoureux, « ces principes sont purement congédiés »[129].

A la place de l'intuition et de l'intentionnalité, Michel Henry pose une réduction de la réduction qui vise non plus à aller droit aux choses-mêmes, mais à aller au fond des choses. D'autre part, en séparation avec Heidegger, le souci de Michel Henry, était de dépasser le concept d'apparaître, celui-ci étant souvent réduit à l'*ek-stase* ou à l'apparaître *ek-statique*, au profit de la donation. Mais qu'est-ce que la donation ? Qu'est-ce qui est donné, sinon ce que Michel Henry appelle l'être originaire, ce qui n'est rien d'autre que la vie ? C'est-là, on le voit, que s'est introduit une onto-phénoménologie de la Vie que notre troisième chapitre a dès lors le devoir d'approfondir.

---

[129] S. LAOUREUX, *L'immanence à la limite, recherche sur la phénoménologie de Michel Henry, cerf,* Paris, 2005, p. 10.

III. L'ONTO-PHENOMENOLOGIE DE LA VIE CHEZ MICHEL HENRY

III.o. Introduction

La philosophie de Michel Henry est axée sur la phénoménologie au sens qu'elle désigne, ce qui se montre-*phainimenon,* ce qui vient à la lumière, ce qui se manifeste, ce qui se dévoile, ce qui s'offre à la vue. Mais, chez Michel Henry, le sens rigoureux de ce concept va au-delà de ce qui apparait, de ce qui se laisse voir, pour être même l'acte qui consiste à se montrer, mieux, l'acte même d' apparaître. C'est dire que sa phénoménologie apparait comme dépassement de celle de Husserl qui s'est limitée à l'apparaître du monde dans son extériorité. Sa phénoménologie pour autant qu'elle va au-delà de l'apparaître pour conceptualiser l'acte même d'apparaître, procède ainsi à la réduction de la réduction, jusqu'au point de faire advenir une phénoménologie plus radicale, celle qui touche à la vie invisible dans son «éprouvé», autrement dit, une réduction au second degré qui donne lieu à une phénoménologie de la vie qui n'est plus pure phénoménalité.

Le présent chapitre visera ainsi à mettre au clair cette phénoménologie de la vie, en prenant soin de souligner que par la vie, Michel Henry ne vise à dire autre chose que la faculté et le pouvoir de se sentir et de s'éprouver en tout point de son être[130]. Mais, cette conception de la vie ne doit pas être comprise au sens psychologique du terme, même si elle signifie force et possibilité de ressentir l'affect, de s'affecter soi-même[131]. Car cela risque de porter à confusion, dans la mesure où le risque est grand de nous limiter au niveau de la sensibilité interne ou du stimulus et de la réaction. Pour ce faire, il est nécessaire d'aller plus loin que l'intuition sensible, plus loin que la pure phénoménalité, effort qui ne va pas sans divorcer avec la phénoménologie husserlienne, avec l'impératif d'aller au-delà de ce qui apparait pour saisir l'être même de l'apparaître, donnant ainsi lieu à une onto-phénoménologie.

D'un bout à l'autre, ce chapitre se bornera à interroger la phénoménologie de Michel Henry dans ses perspectives internes. En ce sens, il consistera à faire l'anatomie du concept vie comme essence et comme manifestation, ainsi que ses diverses typologies. On y dégagera une conception originaire de la vie comme essence et comme manifestation. Celles-ci, c'est-à-dire, l'essence et la

---

[130] M.HENRY, *Essence de la manifestation*, p.288
[131] *Idem.*

manifestation, seront comprises dans la radicalité de soi -et de l'exigence de maintenir irréductible l'une ou l'autre, c'est-à-dire la vie extérieure et la vie intérieure. De façon inavouée, Husserl, Heidegger, Ricœur, Derrida, Sartre et Merleau-Ponty seront dépassés ici à partir d'une remise en cause de la phénoménologie matérielle et en même temps mis à l'épreuve par la phénoménologie de la vie dans son essence.

La question s'impose cependant quant à savoir si une telle phénoménologie reste fidèle aux exigences fortes que lui prescrit la méthode dont elle se sert. N'outrepasse-t-elle pas ses propres règles phénoménologiques, en se découvrant ainsi comme une ontologie, d'autant plus que ce qu'elle vise, ce n'est pas la vie manifestée, mais l'essence originaire de cette vie manifestée ? En réfléchissant sur la notion de la vie, ce chapitre voudrait montrer que la phénoménologie de la vie chez Michel Henry verse par moment dans une ontologie. Toutefois, cette déviation, n'ouvre-t-elle pas la porte à une philosophie de la vie ? Tour à tour, ce chapitre tente de caractériser les principes fondamentaux de l'onto-phénoménologie de la vie. Il s'agit avant tout d'insister sur la singularité de la phénoménologie de Michel Henry, après nous être enracinés dans la phénoménologie husserlienne et heideggérienne. Il s'agit ensuite de nous interroger sur l'évolution de la phénoménologie de Michel Henry vers un «hyper-transcendantalisme», en termes d'une onto-phénoménologie de la vie.

De part en part, il s'agit de suivre le passage qu'il effectue entre la phénoménologie de la vie et l'ontologie-phénoménologie de la vie, avec pour corolaire le dépassement du monisme ontologique. Par ailleurs, notre interrogation se prolongera en abordant la question de l'univocité de l'auto-affection. Dans la considération de l'auto-affection, nous allons aussi considérer les aspects de l'univocité de l'auto-affection. Dans la considération de l'auto-affection, nous allons ainsi considérer les aspects que Michel Henry met en exergue, dans le procès qu'il intente à la vie, procès qui conduit à penser la vie sur un fond d'une ipséité fondamentale et par la médiation d'une «Archi-vie». C'est ce concept *d'Archi-vie* qui donne à penser le rapport entre la vie et l'être, un rapport pensé en termes d'identité : Être est Vie.

III.1. L'Etre est Vie

Vivre signifie être[132], affirme Michel Henry. Mais, le concept de la vie, se rapporte-t-il réellement à l'être ? Que signifie exactement la vie considérée à l'intérieur des sphères ontologiques ? Si donc la vie désigne l'être ou alors le fait d'être, Michel Henry, en vue de ne pas la confondre avec certains phénomènes indique que : loin de pouvoir la définir ou l'expliquer, nous devons la présupposer au même titre que tout ce qui est[133]. La vie doit donc être prise dans sa globalité. Elle englobe certes la vie biologique, végétale, animale, mais elle va encore plus loin en intégrant la sexualité, les mouvements, la respiration, etc. Toutes ces dimensions sont parties prenantes de la vie, mais elles ne disent pas encore ce qu'est la vie dans son essence. Même la philosophie contemporaine, malgré ses avancées a été incapable de dire exactement à quoi renvoie ou peut renvoyer la vie en soi. Elle s'est, pour le moins, focalisée à l'étude de l'extériorité dans sa radicalité.

Si donc la vie peut à peine être pensée, c'est fondamentalement parce qu'elle est une intériorité radicale qui nous renvoie à l'essence de tout essence, à l'immanence même. La saisir comme un en soi, c'est quitter le seuil de la pure extériorité, c'est cela qui dévoile l'apparence. Pourtant, l'apparence elle-même a une substance interne qui en constitue l'essence. Et, c'est justement cette substance de l'apparence, si nous y réfléchissons, qui est à même de nous acheminer vers la vie ontologique.

Par ailleurs, la vie, parce qu'elle s'éprouve, n'est pas visible et ne doit pas être comprise comme tel. Bien davantage, elle relève du domaine de l'invisible, de l'insalissable, car selon Michel Henry, elle oscille continuellement d'une expérience à une autre et sert pour ainsi dire d'objet à la pensée. Parce que, comme nous le verrons, la pensée n'accède à soi que sous le mode de la vie, la pensée est une pensée sur la vie. La vie en soi, celle que nous ne voyons pas mais qui habite tous les êtres vivants, se doit de prendre en compte ce qui constitue leur essence, ce qui leur donne de vivre et d'être considérés comme des êtres vivants. Bien plus la vie qui les habite et qu'ils éprouvent en eux sous forme d'une essence originaire de la réceptivité[134].

L'exercice philosophique, s'il veut prendre appui sur l'expérience de la vie, a désormais pour mission de prendre en charge l'expérience de la vie éprouvée en tant

---

[132] M.HENRY, *Essence de la manifestation*, p.49
[133] M.HENRY, *«Qu'est-ce que cela que nous appelons la vie ?»*, *Phénoménologie de la vie*, PUF, 2003, p.40.
[134] M.HENRY, *«Qu'est-ce que cela que nous appelons la vie ?»*, p.40.

qu'elle «constitue la possibilité ontologique de sa propre manifestation»[135], de réfléchir en allant au-delà de l' apparaître pour saisir ce qui fait que la vie est telle qu'elle apparait, c'est-à-dire l'acte même de son apparaître. On peut par-là se presser de conclure que le philosophe réfléchit fondamentalement sur ce qui se montre. Rechercher le sens interne de la vie, c'est pour Michel Henry, découvrir que la vie que nous éprouvons est une essence et une tonalité affective qui nous habite mais qui ne vient pas de nous, parce qu'elle échappe à notre mainmise, parce qu'elle ne dépend pas de notre *vouloir-vivre* ni de notre désir de nous conserver, parce qu'elle échappe inlassablement à notre hégémonie. La vie, est toujours quelque chose qui nous vient d'ailleurs et qui peut échapper à notre contrôle. L'expérience de la joie, de la peine et de la mort suffisent à démontrer que la vie nous est donnée gratuitement, de manière changeante, sans que nous l'ayons voulu. La vie, parce qu'elle est don gratuit et non permanent, nous la subissons ainsi dans la passivité radicale et nous sommes réduits à la supporter à chaque instant comme ce que nous n'avons pas voulu.

A côté de cette conception insaisissable de la vie, Michel Henry ajoute une conception plus ou moins réaliste et personnelle, en la considérant non pas simplement comme une substance universelle et abstraite, mais bien plus, comme la vie personnelle et concrète de l'homme qui, en plus d'être un être vivant comme tous les autres êtres, possède quelque chose de singulier et de distinct : *un en soi.*

Toute vie est plus qu'une vie substantielle et universelle. Elle est un *en soi* et en tant que telle, elle a son être propre, bien qu'elle participe à un être commun qui est présent dans toutes les vies. La mise ensemble de la conception universelle de la vie ainsi que la conception individuelle et personnelle, ouvre ainsi les portes à une ontologie de la vie que l'on pourrait considérer comme une recherche du fondement premier de toute vie en tant que tonalité affective universelle et en tant qu'un en soi présent dans chaque être vivant, tout en ayant sa vie propre et cela, bien entendu, parce qu'elle est «manifestation de l'essence à soi-même»[136]. Dans ce sens, l'onto-phénoménologie de la vie, devient une enquête sur la vie qui échappe par essence à toute mise à distance (parce qu'elle reçoit l'essence originaire de la réceptivité qu'elle est elle-même[137]) à toute transcendance, unifiant par le fait même l'épreuve d'une présence à la fois ontologique (expérience existentiale) et ontique (expérience existentielle).

---

[135] M.HENRY, *Essence de la manifestation,* p.290.
[136] *Idem,* p.290.
C'est aussi cela que Michel Henry appelle la «retro-référence de l'essence à elle-même».
[137] M. HENRY, « Qu'est-ce que cela que nous appelons la vie ? », p. 40.

La vie est ainsi ce qui se sent comme un être irréductible à la contingence des phénomènes. Voilà pourquoi, une ontologie, si elle veut reposer sur le concept de la vie éprouvée dans la double unilatéralité ontologique et ontique, doit prendre en compte une théorie de la subjectivité qui met au premier plan l'effectivité de la vie, en la considérant comme la condition fondamentale, et cela d'autant plus que le sujet réfléchit sur le monde qui l'habite et dans lequel il habite en étant en relation constante avec sa propre subjectivité, avec l'intériorité invisible de sa vie éprouvée.

La nouvelle ontologie-phénoménologie qu'inaugure ainsi Michel Henry, se démarque, par sa rupture, avec le monisme ontologique de la pensée occidentale depuis l'antiquité grecque. Un tel monisme réduisait la vie à son extériorité en ignorant par le fait même son immanence invisible et pourtant radicale. La vie n'est pas simplement une vie biologique, ni un rapport des forces externes qui nous donne la conscience d'exister et de nous mouvoir. Elle est bel et bien une essence irréductible à la simple phénoménalité des objets et des corps matériels. Elle n'est pas une intentionnalité, fût-elle transcendantale, elle est par contre autorévélation d'elle-même par la subjectivité qu'elle affecte et éprouve. Une telle conception de la vie, on le voit, rejette dos à dos le pur matérialisme et le pur idéalisme, en vertu du fait que le matérialisme radical réduit la réalité à la matérialité en prônant la transcendance du monde, en contrepartie de l'idéalisme radical qui ramène toute existence à la pensée. La vraie conception de la vie est donc une affectivité constituée, elle est manifestation de l'invisible, elle est tout aussi invisibilité du visible, plus fondamentalement, elle est l'être du moi dans son ipséité radical. Mais, est-ce possible de saisir l'être du moi ?

III.2. De l'impossibilité de saisir l'être du moi en dehors de la sensation

La phénoménologie chez Michel Henry, dans son souci d'aller plus loin que ses prédécesseurs[138], est fondamentalement description de la manière dont le monde se livre à la conscience, non pas comme quelque chose qui va de soi, mais comme

---

[138] La phénoménologie de Michel Henry tout en étant tributaire de la pensée de ses contemporains comme Husserl, Heidegger, Sartres et Merleau-Ponty, s'attaque contre la tentation de réduire la phénoménologie à l'intentionnalité, à l'être, à la conscience ou au monde. Elle est en ce sens, une quête de l'Être du monde. Toute sa vie Michel Henry a dû revenir sur son refus radical de l'intentionnalité et à la vérité extatique de l'Être, celles-ci ne faisant à ses yeux que reprendre dans un langage moderne ce que dans l'*Essence de la Manifestation* il rejette sous le nom de monisme ontologique qui, au XIXè siècle, culmine avec Hegel : le sujet ne peut se connaître que sur l'objet. Or pour Michel Henry, il y a une antériorité de l'ouverture au monde qui obéit à un pathos invisible. Le monde n'est pas pur extériorité, il est aussi intériorité.

quelque chose qui a une réalité voilée. Voilà pourquoi, l'attitude phénoménologique est en quelque sorte une prise en compte de la *donation*, suivie d'une explicitation de ce qui nous paraît comme allant de soi. L'enjeu est donc de taille et comporte deux tâches : tout d'abord la prise de conscience de l'existence d'un monde qui nous apparait, en même temps que la prise de conscience du monde, par un ensemble d'opérations subjectives qui font apparaître le monde dans sa phénoménalité. Cette dernière, dans le langage husserlien, fait appel à la notion de la conscience constituante.

De proche en proche, le projet phénoménologique – étant entendu que la phénoménologie est comprise comme une méthode – entreprend de dévoiler la chose elle-même et à ce stade primaire, elle présuppose déjà une illumination première hors de laquelle aucune chose n'existe. Pour dire bref, le monde doit d'abord se manifester avant d'être saisi, bien que cette manifestation ne soit pas total dévoilement, raison pour laquelle le deuxième stade de la phénoménologie de Michel Henry, quête alors l'essence des phénomènes, pour autant que le lieu où se dévoile l'essence des choses, le concept de l'âme a ainsi fait objet d'une réflexion phénoménologique dans le système de Michel Henry. C'est dire que pour mieux cerner la phénoménologie de Michel Henry, il importe de réfléchir aussi sur ce concept de l'âme qui est comme nous le savons un vieux concept. Dans la logique de Michel Henry, le concept de l'âme s'applique bien à celui de l'être du moi et en ce sens, une onto-phénoménologie de la vie, c'est en termes simples, la saisie de la vie comme l'être du moi, comme l'âme du monde.

La métaphysique traditionnelle, en effet, nous enseigne que « nous avons une âme, que cette âme est une substance, spirituelle, simple, identique à elle-même à travers le temps, dont l'existence est distincte de celle du corps et qui, comme telle n'est pas périssable »[139]. Entre une telle conception et une autre que l'on peut discerner dans la philosophie critique du 18ème siècle, et plus particulièrement le criticisme kantien, on voit apparaître une *metaphysica specialis*[140] qui se rapporte plus explicitement à la question de l'âme, du monde et de Dieu. Essayer de concevoir l'âme sur le plan de la métaphysique, c'est à vrai dire poser la question de l'âme sous un angle ontologique et en ce sens poser la réflexion sur l'âme comme

---

[139] M. HENRY, « Le concept d'âme a-t-il un sens ? », p. 9.

[140] La *metaphysica specialis* chez Kant (inspiré de Wolf) se distingue ainsi de la *metaphysica generalis* pour autant que cette dernière devient chez Kant une interrogation sur la condition de possibilité de l'expérience en général, c'est-à-dire une interrogation sur l'être de tout étant possible. Voilà pourquoi, Heidegger dans *Kant et le problème de la métaphysique,* interprète l'instauration kantienne du fondement de la métaphysique comme une ontologie.

une quête de « l'être du moi »[141] qui, dépend nécessairement, selon Michel Henry, de la « structure de l'être en général »[142].

La question se pose maintenant de savoir, le mode de la connaissance de cet être du moi. Comment l'âme peut-elle être connue ? Puisqu'elle ne dépend pas de l'expérience, sa connaissance est-elle *a priori* ou alors *a posteriori* ? Sa connaissance, relève-t-elle de la pure pensée ? Pouvons-nous connaître l'être en soi de l'âme, sans sa réalité véritable ? Nous savons depuis Kant de la « Dialectique transcendante », que l'être du moi ne peut être appréhendé à partir de la pensée pure et ne peut jamais être saisi dans son en soi. La prise au sérieux d'une telle limite, nous conduirait à raison à ne plus oser parler de l'âme. C'est pourquoi, un discours sur l'âme doit partir d'un préalable divorce avec le criticisme kantien. En raison d'un tel divorce, si nous voulons parler de l'âme, nous devons, comme le souligne Michel henry « au préalable rejeter la critique kantienne. Cette tâche peut paraître présomptueuse, mais nous n'avons pas le loisir de nous y soustraire »[143].

Rejeter la critique de Kant, c'est alors poser une critique de la critique, celle qui peut partir d'une interrogation référentielle : pourquoi Kant, a-t-il refusé d'accorder le concept de l'être au moi, à la conscience ? Autrement dit, quelle idée Kant se fait-il de l'être pour refuser qu'il s'accorde à la conscience ? Est-ce simplement parce que l'être du moi, relève des noumènes inconnaissables et limitatifs de la raison humaine ? Comme nous l'avons dit plus d'une fois, chez Kant, nous ne connaissons que les phénomènes et tout ce qui est connu l'est en fonction de l'expérience, en fonction de ce qui est donné par la sensibilité et pensé par l'entendement. Dans un autre registre, nous avons le domaine de l'intuition, cette capacité pour l'esprit humain à s'ouvrir à ce qui est, cette possibilité pour la conscience de s'adresser à quelque chose qui ne vient pas d'elle, qu'elle n'a pas créée et inventée. Pour s'ouvrir à ce qui est, il est indispensable que la conscience s'imagine un horizon, un espace, dans lequel la chose se donne à elle. C'est cela la tâche de « intuition pure », comprise comme une pure relation à quelque chose d'objectif, dans son surgissement premier qui est l'espace et le temps. En raison de ces deux préalables qui sont des données objectives et phénoménologiques, en tant qu'ils subsument l'être, Michel Henry en arrive à la conclusion suivante :

> « L'ontologie Kantienne obéit à des présupposés phénoménologiques
> qui en font justement la valeur…Nous parvenons alors à la véritable
> signification du terme transcendance : la transcendance ne peut plus

---

[141] M. HENRY, « Le concept d'âme a-t-il un sens ? », *Phénoménologie de la vie*, p.10.
[142] *Idem.*
[143] *Idem.*

désigner seulement le fait que l'étant est hétérogène à la conscience, son extériorité métaphysique désigne son extériorité phénoménologique. Etre, pour Kant, c'est être donné comme représenté, posé là devant un champ de visibilité »[144].

Ainsi donc, ce qui se pose là, ce qui est là, même s'il émane d'une intuition pure, il n'advient pas comme totale intériorité, il s'accompagne aussi d'une intuition empirique, celle que Kant appelle la sensation. Si pour Kant la sensation « est-ce qui désigne une réalité »[145], pour Michel Henry, elle est principalement, celle qui apporte la connaissance de quelque chose, sous forme synthétique - étant entendue que la connaissance synthétique, existe, selon le langage kantien et heideggérien, en tant qu'elle constitue ce qui doit s'ajouter au pouvoir transcendantal de la connaissance – et à ce titre elle est la connaissance réelle. Pareille désignation, il convient de le dire tout de suite vient distinguer la connaissance subjective de la connaissance objective et en cela, elle introduit une critique de la psychologie rationnelle, qui ne peut en aucun cas, prétendre nous donner la connaissance réelle de l'âme, même si elle s'appuie sur la pensée pure.

Pourtant comme nous le savons, prétendre connaitre en prenant uniquement appui sur la pensée pure, sans pour autant tenir compte de la dimension empirique, c'est à notre avis passer à côté de ce que Kant appelle connaissance réelle, plus radicalement, ce qu'il appelle tout simplement la connaissance. C'est en quelque sorte, ce qui rend difficile la connaissance de l'âme. Et pour Michel Henry, cette connaissance devient encore plus limitée, parce que l'âme, considérée comme l'être du moi, « ne peut être déterminé que par des prédicats empiriques, c'est-à-dire, des prédicats qui reposent sur une intuition empirique, sur une sensation »[146].

En face de cet échec de la psychologie rationnelle, quant à la connaissance de l'être du moi, de l'âme, nous nous posons une question de fond : comment connaître l'être du moi, si on ne peut le faire à partir de la pensée pure ? Faut-il dès lors recourir à l'expérience interne de l'être du moi, en fonction des conditions de l'être en général ? On le sait, pour être, il est nécessaire que le moi, se donne à la sensibilité et soit pensé par l'entendement sous forme d'une synthèse dérivative. Pourtant, il se révèle difficile sinon impossible de saisir le moi, dans l'espace et dans le temps, de lui soumettre à l'action des catégories de l'entendement, qui vont devoir assigner à l'être du moi une place dans le système général de l'expérience. Le moi, parce qu'il déborde l'univers de notre connaissance, doit donc être pensé comme une expérience

---

[144] M. HENRY, « Le concept d'âme a-t-il un sens ? », *Phénoménologie de la vie*, p. 11.
[145] E. KANT, *Critique de la raison pure,* Tradition Barris, Paris, Flammarion, 1937, p.235.
[146] M. HENRY, « Le concept d'âme a-t-il un sens ? », p. 14.

non empirique, mais interne, et à ce titre, il relève du sens interne. Comprendre la structure de l'être du moi, c'est le comprendre donc comme un sens interne[147], comme « une essence de l'ipséité »[148].

III.3. De la possibilité de saisir l'être du moi par l'auto-affection

Revenons à la question du sens interne et demandons-nous s'il est dès lors la voie idoine qui conduit vers la connaissance de l'être du moi. En ce sens, nous sommes en droit de nous demander sous quel mode ce sens interne se donne-t-il à nous. Est-ce sous forme d'une sensation elle aussi interne ? Cette sensation, est-elle de nature empirique ou intuitive, pourrait-on encore se demander. Cette sensation peut-elle être considérée *in abstracto* ? Certes, nous ne pouvons parler du sens interne pour autant que ce sens existe et par là-même, essayer de savoir s'il est possible d'en dégager l'être. Une chose est au moins certaine : l'interprétation de la nature d'une sensation, sur le plan ontologique, nous conduit à saisir son être comme quelque chose qui est intuitionnée, comme un être qui est saisi dans le sens interne, *« c'est-à-dire dans cet horizon d'extériorité et d'altérité radicale qu'est le temps pur»*[149]. Se mettre d'accord sur le fait que le sens interne est une voie vers la saisie de l'être du moi sous les modalités de la pure sensation, c'est, dans un certain sens, revenir à la thèse de l'impossibilité d'accéder à l'être du moi, parce que, le contenu empirique de ce sens interne relève de l'ipséité du temps, une donnée inobjectivable. Comme la sensation ne peut être objectivée par le moi, il faut donc changer de registre. Quitter le registre de la pure pensée, pour entrer dans le registre de « *l'éprouver* ». La sensation existe en tant qu'elle est éprouvée par le moi, car hors de l'épreuve de l'affect, la sensation serait un vide produit de l'imagination. Et comme nous le savons, l'affection est une sensation interne, un mode d'apparaître interne. On peut alors affirmer que la sensation existe en tant qu'elle est reçue par le moi, vécue par le moi et éprouvée par le moi. La question de l'être du moi, est ainsi à situer dans le registre de ce que Michel Henry appelle l'auto-affection[150].

---

[147] On trouve déjà chez Jean Nabert, un commentateur de Kant qui parle de l'expérience interne chez Kant comme un sens interne, dans un article paru dans la *Revue de métaphysique et de morale*, 31, 1924, p.205-268. Le même thème trouve une cohérente articulation dans l'ouvrage de Pierre Lachevièze-Rey, *L'idéalisme kantien, Paris,* Alcan, 1931, réed ; Paris, Vrin, 1972.

[148] M. HENRY, « Le concept d'âme a-t-il un sens ? », Phénoménologie de la vie, p.15.

[149] *Idem*, p.17.

[150] M. HENRY, « Le concept de l'âme a-t-il un sens ? », p.18.

Le concept d'auto-affection[151], bien qu'il soit plus développé dans la phénoménologie de Michel Henry, préfigure déjà dans la seconde édition de *la Critique de la raison pure* de Kant ainsi que dans L'*Opus Posthume*. Au concept d'auto-affection, s'applique un sujet transcendantal qui construit l'expérience en tant qu'éprouvée par lui. Michel Henry, en s'appuyant sur une telle conception de l'expérience du sens interne, va lui ajouter une connotation qui n'est plus simplement et purement spéculative, mais qui est fondamentalement une donnée phénoménologique. Il le dit en des termes clairs : « Cette origine de la sensation interne ne peut demeurer une simple hypothèse spéculative. Cette affection du sens interne par le sujet transcendantal devrait être une donnée phénoménologique-non un contenu quelconque. Il devrait porter en lui l'essence de l'ipséité »[152].

Considérer l'auto-affection, cette essence de l'ipséité comme une donnée phénoménologique, c'est dans un certain sens, renoncer à la sphère ontologique de l'être de l'ego qui dès lors, n'est pas susceptible d'être représentée comme une conscience de soi, pour autant que la représentation de l'être de l'ego signifierait diminution de son être même, avec pour conséquence« une indigence ontologique foncière »[153]. C'est cette indigence ontologique- étant entendu qu'il pense l'être du moi à la fois comme une sensation, comme un sens interne, comme une essence de l'ipséité, comme le sujet transcendantal et phénoménologique, comme le *je pens*e assurant l'unité et la synthèse- qui conduit Michel Henry à renoncer à ce mode de dévoilement de l'être du moi essentiellement fondé sur la représentation, et d'ouvrir ainsi une nouvelle voie de recherche qui est « un mode de révélation propre à l'essence de l'ipséité et à la réalité de soi vivants que nous sommes »[154].

Du soi représenté au soi vivant, de la phénoménologie transcendantale (qui accentue le pouvoir du *je pens*e) à la phénoménologie de la vie (qui accentue le pouvoir du je vis) tel est le pas qui conduit Michel Henry à introduire un nouveau courant phénoménologique différent de celui de la phénoménologie classique du vingtième siècle: la phénoménologie de la vie comme être du moi et comme intériorité radicale.

On en vient ainsi à souligner que, des critiques des thèses kantiennes relatives à la connaissance de l'âme comme Etre du moi, Michel Henry en arrive à la conclusion selon laquelle :

---

[151] Ce que M. Henry appelle l'*auto-affection* ne désigne pas une forme vide, une pure condition de possibilité, mais la substance de la subjectivité telle qu'elle s'accomplit dans son épreuve concrète de soi, dans le *souffrir* et le *jouir* qui la définissent essentiellement comme vie, indépendamment de toute pensée (M. HENRY, *L'essence de la manifestation*, p.63).

[152] M. HENRY, « Le concept d'âme a-t-il un sens ? », *Phénoménologie de la vie*, p.19.

[153] *Idem*, p. 21.

[154] *Idem*, p. 22.

« Nous devons lier l'existence de notre moi originel à celle d'une dimension d'intériorité radicale (...)Parler aujourd'hui de l'intériorité, en effet, peut paraître anachronique, car s'il est un concept dont la philosophie moderne a fait justice, c'est bien celui-là. Sans doute, bien des philosophes aujourd'hui demeurent attachés à cette idée d'une intimité foncière de l'homme, d'une vie intérieure et personnelle qui leur paraît la plus précieuse... Mais la philosophie moderne, c'est la philosophie qui se fait aujourd'hui, c'est celle qui a pris son essor avec la phénoménologie husserlienne et qui a abouti à des résultats si remarquables. Or cette philosophie là nous interdit, semble-t-il, de parler de l'intériorité, car elle a soumis le concept d'intériorité à une critique radicale, à une critique phénoménologique précisément[155] ».

La nouvelle phénoménologie que veut inaugurée Michel Henry, c'est celle qui essaie dès lors de redonner au concept de la vie comme intériorité, ses lettres de noblesses à telle enseigne qu'aucune réserve ne peut nous conduire à ne pas signifier que l'être du moi dont il est question, n'est pas à saisir sous forme d'une représentation objective, moins encore sous forme d'un pur apparaître. Bien au contraire, nous devons le saisir comme un « éprouvé », comme ce que nous sentons en nous comme un affect, plus encore comme une ipséité radicale. Quitter le stade de l'apparaître extérieur, vers un apparaître intérieur, c'est cela qui conduit Michel Henry à parler de la vie telle qu'elle est éprouvée de l'intérieur et telle qu'elle s'éprouve elle-même- perspective qui a été toutefois jetée aux oubliettes dans la phénoménologie contemporaine. Cette dernière ira même jusqu'à critiquer toute intériorité.

Et pourtant, la nouvelle phénoménologie, c'est celle qui désormais fait de « l'intériorité le fondement même et le centre de sa réflexion »[156]. Mais, cette intériorité n'est pas absence totale de visibilité. Raison pour laquelle Michel Henry, pour éviter les pièges d'une pure imagination de l'invisible, pose le concept de la vie comprise comme *corps subjectif* concept emprunté à Maine de Biran[157], en dépassant à contrecoup la phénoménologie contemporaine de Condillac et de Merleau-Ponty. Ces derniers en effet se sont limités à la conception du corps objectif. Penser en concert le corps et l'intériorité, c'est en quelque sorte penser un corps subjectif, mettant ainsi ensemble la phénoménologie en tant que méthode d'accès à l'objet qui apparaît et l'ontologie comprise comme quête de l'essence

---

[155] M. HENRY, *op. cit*, p.27.

[156] *Idem,* p. 28.

[157] M. BIRAN, *Mémoire sur la décomposition de la pensée*, Œuvres de Maine de Biran, édition Pierre Tisserand, 1982.

interne à ce qui apparaît. Le tout donne à penser la vie comme corps subjectif, étant entendu que par la subjectivité Michel Henry entend « se qui s'éprouve soi-même »[158], ce qui fait qu'elle est auto-affection.

II.4. La vie comme auto-affection

La vie dont parle Michel Henry n'est ni conscience, ni subconscience, ni inconscience. Elle n'est pas non plus susceptible de le devenir, c'est-à-dire qu'elle déborde la notion du devenir pour être l'être en soi, l'essence en elle-même. Plus encore, la vie, comprise comme invisible n'est pas une négation du visible, moins encore son autre. Si donc la vie, n'a pas de visage, s'il nous est difficile de parler d'elle que sous la forme négative, alors rebondit la question de savoir ce qu'est la vie. C'est là que Michel Henry, va opérer un pas considérable en orientant la définition de la vie dans le domaine du sentir.

> « La vie se sent, s'éprouve soi-même. Non pas qu'elle soit quelque chose qui aurait, de plus, cette propriété de se sentir soi-même, mais c'est là son essence : pure épreuve de soi, le fait de se sentir soi-même. L'essence de la vie réside dans l'auto-affection. Parce que le concept d'auto-affection est le concept de la vie, il doit être pensé de façon rigoureuse. » [159]

Un nouveau concept s'introduit à ce niveau : celui qui pour Michel Henry s'applique fort à la vie comme essence. Il s'agit du concept d'auto-affection. Pour le penser comme concept fondamental et l'appliquer à la notion de la Vie, le premier élément consiste à souligner sa démarcation de la signification que nous donne Kant et bien après Heidegger, c'est-à-dire, sa rééducation au « sens interne »[160].

En tout cas, chez ces deux auteurs, l'auto-affection comme sens interne n'est rien d'autre que le temps par l'horizon temporel tridimensionnel qui signifie se projeter-« *ek-statiquement* »[161], selon le langage heideggérien. Mais, une telle

---

[158] A. DAVID, *Michel Henry, l'épreuve de la vie*, Cerf, Paris, 2001, p.7.

[159] M. HENRY, « Le concept d'âme a-t-il un sens ? », *Phénoménologie de la vie*, p.49.

[160] Chez Heidegger tout comme chez Kant, l'auto-affection signifie sens interne, non pas au sens de l'intériorité radicale, mais bien au contraire au sens de l'être le plus intime de la subjectivité et c'est qui fait d'elle la vie qui se trouve questionné en sa possibilité première.

[161] Il s'agit bien ici de trois extases chez Heidegger : le passé, le présent et le futur. Le présent étant l'instant de l'unification du futur et du passé. Selon Michel Henry, « la philosophie moderne a fait faire à la pensée du temps d'immenses progrès. Pourtant, elle n'a pu produire une authentique phénoménologie de la temporalité de la vie, mais seulement une phénoménologie de la conscience du temps, c'est une phénoménologie de la représentation et finalement comme la structure même de la représentation, c'est-à-dire, ainsi qu'on l'a vu, comme l'éclatement originel de l'être dans

définition de l'auto-affection, relève encore de la sensibilité, parce qu'elle est liée à la notion du temps comme sens interne du sujet. Penser la vie comme auto-affection dans un champ de la sensibilité, c'est la restreindre à une expérience purement et simplement subjective. C'est pourquoi, Michel Henry, pour autant qu'il veut penser la vie comme pure essence, va devoir divorcer avec la conception kantienne et heideggérienne de l'auto-affection, pour se situer par le fait-même, sur un autre plan: celui de « l'affection première »[162].

Considérée dans son affection première, c'est-à-dire au stade où elle n'est pas affectée par aucune autre sensibilité, par rien d'autre qu'elle, la vie est alors auto-affection. Elle n'est affectée par rien d'autre qu'elle. L'on comprend pourquoi elle constitue elle-même le contenu de son affection et reçoit d'elle-même le contenu qui l'affecte. Toutefois une telle compréhension est loin de signifier le solipsisme dans lequel s'enfermait la vie, au point où nous serions tentés de la comprendre comme auto-objectivation, autoposition, auto-perception ou encore auto-sensation.

Selon Michel Henry, « la vie s'affecte, est un pour soi, sans se proposer à elle-même dans l'objectivation de l'*ektase*, elle se sent sans que ce soit par l'intermédiaire des sens, du sens interne ni d'un sens quelconque en général. »[163]. Exclure le recours au sens général, en l'occurrence la pensée, dans l'appréhension de la vie, c'est cela qui nous amène à saisir pourquoi la compréhension du sens que recèle la vie, est loin d'être une construction de l'esprit; moins encore à rechercher les conditions des possibilités sans lesquelles la vie ne peut être saisie. Ce qu'il faut dès lors faire, c'est essayer de comprendre la vie, comme ce qui s'éprouve soi-même, ce qui se sent, sans que ce soit par l'entremise d'une construction conceptuelle et logique, sans que ce soit par l'intermédiaire d'un sens. Conséquemment, ce qui se saisit sans aucune

---

l'extériorité. Ce qui fait la carence ontologique d'une pareille conception, c'est qu'elle se meut dans une dimension d'irréalité pure, Irréelles sont les espaces pures du passé et, de même, ce qui se montre en eux. Irréel le présent lui-même, pour autant qu'on le définit, comme une conscience du présent, un horizon ekstatique et donc, encore, une extériorité. Le présent réel, le présent vivant est l'effectuation phénoménologique de l'auto-affection, si l'on veut, mais saisie dans son essence et sa possibilité plus intérieure, dans l'immanence radicale de son affectivité. » (M. HENRY, « Qu'est-ce que cela que nous appelons la vie ? », *Phénoménologie de la vie*, pp.53-54.). Cette révolution de la conception du temps, et surtout du présent nous amène à comprendre que la vie, comprise comme auto-affection, se saisit dans l'effectuation du temps phénoménologique. Nous verrons dans la suite l'influence de cette conception du temps présent dans la phénoménologie de la vie.

[162] M. HENRY« Le concept d'âme a-t-il un sens », p, 49.
[163] *Idem*, p. 50.

médiation, est pour Michel Henry, autorévélation, elle est pour ainsi dire, la révélation originelle qui, dans « son essence est affectivité[164] ».

Comme nous le savons, l'essence qui est affectivité est en même temps invisibilité, car l'amour, le sentiment d'affection, ne peut être perçu. Et en vertu de cette invisibilité de l'affectivité, la vie, pour autant qu'elle soit affection, doit aussi être pensée comme essentiellement invisible.

Mais, prenons garde de ne pas tomber dans une déformation sémantique du concept invisible, lorsqu'il s'applique à la vie. En effet, l'invisible dont il est question ici ne correspond pas à ce qui est trop petit pour être vu à l'œil nu, ni aux rayonnements auxquels l'œil n'est pas sensible, mais à cette vie à jamais invisible parce qu'elle est radicalement immanente et qu'elle n'apparaît jamais dans l'extériorité du monde. Aussi convient-t-il de retenir dès à présent qu'il existe selon Michel Henry, deux modes de manifestation des phénomènes qui sont deux façons d'apparaître: l'extériorité qui est le mode de manifestation du monde visible, et l'intériorité phénoménologique qui est le mode de manifestation de la vie invisible.

A titre illustratif, considérons comment notre corps nous est donné de l'intérieur dans la vie, ce qui nous permet par exemple de bouger notre main ou de la sentir, et il nous apparaît également de l'extérieur comme n'importe quel autre objet que l'on peut voir dans le monde. Il y a donc une manifestation visible de notre corps et une autre manifestation éprouvée qui relève de l'intériorité. Tout porte ainsi à croire que le champ d'investigation qui nous concerne ici est le côté invisible de la vie, celui qui n'est plus simple apparaître. De là, le visible s'imbrique avec l'invisible. Le visible cache une dimension invisible. Et l'invisible n'est pas pur essence sans une quelconque représentation, sans une sorte de manifestation. Il suffit simplement de regarder en profondeur le cosmos pour y découvrir une certaine intelligence, une certaine force, une certaine puissance, une certaine vie. Le *cosmos* porte en lui une force interne. Parce qu'il porte en lui une vie, le *cosmos* n'est plus à concevoir comme une pure extériorité, car il est un corps qui porte en lui les formes du monde. *Le cosmos* porte en lui une présence. Ces mots de Michel Henry suffisent à démonter cette hypothèse:

« Nous regardons pétrifiés, immobiles eux aussi ou évoluant lentement
sur le fond d'un firmament nocturne, les hiéroglyphes de l'invisible.
Nous les regardons : des forces qui sommeillaient en nous et

---

[164] Le concept d'affectivité désigne dans la conception de Michel Henry, l'essence originaire de la révélation, l'auto-affection phénoménologique de l'être et son surgissement premier.

attendaient depuis des millénaires, depuis le commencent, obstinément, patiemment, les forces qui éclatent dans la violence et le rutilement des douleurs, qui déroulent les espaces et engendre les formes des mondes, les forces du cosmos se sont levées en nous, elles nous entraînent hors du temps dans la ronde de leur jubilation et ne nous lâchent pas, elles n'arrêtent pas parce que même elles ne pensaient pas qu'il fut possible d'atteindre un tel bonheur».[165]

Il ne s'agit donc pas lorsque l'on parle de la vie, d'exclure le côté invisible, comme s'il s'agit simplement de la vie visible. Moins encore, il ne s'agit pas, lorsqu'on parle de la vie, d'introduire les conceptions psychologiques. Tout au contraire, il s'agit de la sentir comme une présence, mais pas comme objet de la sensibilité. La vie est une essence originaire à la fois visible et invisible. La vie s'éprouve elle-même de manière pathétique, sans extase pure ni extrême extériorité.

Cependant, dire que la vie s'éprouve et s'affecte elle-même comme essence première, est-ce dire par là qu'elle est comme une monade, un *principium individuationis,* qui ne doit rien aux catégories de l'extériorité ? Ou encore, la vie serait un soi transcendantal tout à fait particulier et séparé d'autres soi, un soi s'affectant lui-même « certaine suffisance absolue de son individualité radicale »[166]. Quelle est la nature de cette individualité du moi ? En tout cas, rien ne conduit mieux à l'appréhension de cette individualité radicale, hormis l'exigence de penser une présence tournée vers elle-même sous forme d'une corporalité interne. C'est cela que Michel Henry appelle le corps subjectif. De quoi s'agit-il ?

III.5. La vie comme corps subjectif

Se tourner vers la phénoménologie de l'intériorité, c'est pour Michel Henry, faire implicitement appel à Maine de Biran[167] qui, dans *Essai sur le fondement subjectif,* est arrivé à la découverte du corps subjectif en dépassement du corps objectif de Merleau-Ponty ; le corps subjectif de Biran qui ne méconnaît pas la transcendance de l'existence corporelle, c'est-à-dire la capacité qu'a le corps de nous faire connaitre le monde. Il pose au préalable la problématique de la connaissance de ce corps. On comprend alors le défi que cette connaissance primitive semble avoir lancé à Condillac, précisément contre sa théorie de la

---

[165] M. HENRY, *Voir l'invisible,* p. 244.
[166] M. HENRY, *op.cit,* p. 51.
[167] M. de BIRAN, *Essai sur le fondement subjectif de la psychologie et sur le rapport avec l'étude et la nature, Œuvres de Main de Biran,* édition Tisserand, Paris, Alcan, 1932.

connaissance de notre propre corps qui semble présupposer un monde extérieur à nous dans lequel se jettent toutes les connaissances du monde. Aller au-delà de cette sensation de solidité par le corps propre, plus précisément par la main[168].

Cette assertion renvoie au problème de la connaissance du corps. Mais, ce que Condillac oublie de poser, Michel Henry le récupère dans la logique de la connaissance du corps-connaissant. C'est dans un ordre d'idées analogues que Maine de Biran pose la question de savoir : « Cet instrument lui-même, comment est-il connu ? »[169], question qui trouve une tentative de réponse à travers le corps subjectif qui pense et tente de se connaître et de connaître les autres objets. Autrement dit, il est la conscience de la conscience de toute chose. C'est d'ailleurs la question qui est en tête de ce point que nous considérons. Mais, il convient de préciser dès maintenant que ni Condillac, ni les phénoménologues contemporains, comme Merleau-Ponty, n'ont posé avec acuité la question de la connaissance du corps propre. Ils ont pour la plupart limité cette connaissance à une intentionnalité motrice ou à une intentionnalité sensorielle, en décrivant l'accès au monde au-delà du processus de l'entendement pur. Ce qu'ils ont mis en exergue, souligne Michel Henry, c'est plus la description « *de la connaissance corporelle d'un être ou d'un monde connu par le corps* »[170], sans rien dire sur la connaissance du corps en tant que corps connaissant. La connaissance du corps subjectif exige que l'on jette sur le visible un autre regard. Il s'agit de réapprendre à voir le monde, car pour Michel Henry, le regard ne voit pas par hasard, il obéit à un intérêt profond, et cet intérêt, c'est l'intérêt de la vie. C'est dire que même dans le regard, il y a déjà une vie. Le voir lui-même qui me jette au monde est habité par une vie, comme pour dire que les lois du devoir sont soumises aux lois de l'affectivité interne. Il ressort d'une telle approche que le regard que l'on porte sur un corps doit être un regard intérieur, un regard habité par la vie.

C'est là, on le voit, le lieu de la remise en cause des thèses de l'ontologie contemporaine, en même temps que la valorisation du concept d'intériorité si hâtivement écarté et qui dès lors retrouve droit de cité dans la philosophie. L'ontologie et la phénoménologie, dans leur radicalité, ont donc oublié le concept d'intériorité. Et en vertu de cet oubli, Michel Henry prend le contre-pied de l'ontologie et de la phénoménologie fondées sur le concept du corps, dans le but de penser une onto-phénoménologie de la vie, celle qui met au centre l'expérience du

---

[168] Selon Condillac c'est par la main et par son déplacement le long de mon corps que j'arrive à connaître.

[169] M, de BIRAN, *Mémoire sur la décomposition de la pensée*, p.6.

[170] M. HENRY, *op.cit*, p.30.

corps vécu dans son intériorité. Faire l'expérience que l'on a un corps capable de mouvoir et de se mouvoir, que l'on a une main qui nous permet de posséder les objets et d'avoir accès au monde, ne suffit pas encore pour parler de l'existence du corps. Il faut qu'en plus, nous éprouvions que nous ayons un corps. Et cette épreuve ne relève ni de l'entement pur, ni de la sensation, ni de la représentation, moins en encore du corps objectif. Plus fondamentalement, il relève d'une expérience interne, d'une intériorité du corps[171] ; ce que Maine de Biran appelle corps subjectif et que Michel Henry appelle l'âme ou tout simplement la vie éprouvé de l'intérieur. Cette vie n'est pas une extériorité, elle est une immanence et cela dans toute sa radicalité.

> « Une force absolue, une causalité efficiente, un pouvoir de son affectivité, dans la radicalité et l'actualité de son exercice, de ce qu'il est et de ce qu'il fait, ne peut être dans le milieu de l'extériorité, ne peut être extérieur à soi, ne peut être séparé de soi, ne peut être étranger à lui-même. Cela signifie qu'à tout pouvoir est donné, celui précisément d'être lui-même, de s'emparer de lui-même, de coïncider avec soi dans une sorte de cohérence première qui rejette toute espèce de distance et de séparation, bref dans l'immanence de son intériorité radicale » .[172]

La radicalité de l'immanence se substitue ainsi à la radicalité de l'ontologie et de la phénoménologie et c'est à partir de là que nous pouvons penser une ontologie de la vie. Cette onto-phénoménologie de la vie vise à atteindre la structure interne du corps, la structure du corps par l'exclusion de toute sphère intentionnelle. Mais, aller au cœur de l'expérience interne du corps : n'est-ce pas atteindre la structure même de l'intériorité du corps en termes de sa corporéité, qui est à distinguer de la sensibilité[173] interne du corps ? Disons tout simplement qu'il y a corporéité, parce qu'elle relève du sens du corps, ce qui unifie en ce sens toutes les diverses sensations et toutes formes de sensibilité qui affectent le moi et le corps de telle sorte qu'il devient difficile de les séparer. Le corps existe en tant qu'il s'éprouve lui-même sous forme d'une affection et d'une auto-affection considérée à juste titre comme

---

[171] M. HENRY, «Le corps vivant », pp. 71-97.

[172] *Idem,* p.31.

[173] Au sujet de la différence nécessaire qu'il s'agit d'opérer entre corporéité et sensibilité, on peut se souvenir la théorie transcendantale du corps que Heidegger propose dans *Sein Und Zeit.* Il définit la possibilité transcendantale du corps comme possibilité transcendantale de la sensibilité elle-même. Dans *Kant et le problème de la métaphysique,* la même idée s'affirme et se confirme : « L'homme comme être rationnel fini, ne peut avoir un corps en un sens transcendantal, c'est-à-dire métaphysique, parce que la transcendance est, en tant que telle, sensible *a priori* » (M. HEIDEGGER, Kant et le problème de Métaphysique, W,Biemel, Paris Gallimard, 1953, p, 228).

son ipséité même. *L'Ipséité*, chez Michel Henry, c'est une affection originelle qui saisit « le sentant lui-même en tant que sentant, le connaissant lui-même en tant que connaissant »[174]. Bien plus, cette affection originelle est le lieu où tout s'accomplit, tout s'unifie, faisant ainsi de la structure de l'ipséité, la structure même de la vie. Voilà pourquoi, l'ipséité du corps est identique à son intériorité, créant ainsi une identification au je et au corps, mieux donnant lieu à une subjectivité corporelle, une intériorité au corps propre : la vie comme auto-affectivité. Le concept du corps subjectif nous aura ainsi ouvert la porte à la considération de la vie comme auto-affection, comme ipséité radicale et conscience de la conscience.

Pour Michel Henry, nous l'avons vu, la simple ipséité ne suffit pas à elle seule pour nous introduire de fond à comble dans cette philosophie de l'intériorité radicale qu'est l'onto-phénoménologie de la vie. Il nous faut encore nous demander si, véritablement, l'ipséité « désigne la condition de l'être, son étreinte originelle avec soi dans une lumière qui n'est plus celle du monde »[175]. Car, aller au-delà de la lumière du monde, c'est pour Michel Henry aller à la découverte de la « donation originaire »[176] qui est invisiblement. Cette donation originaire est tout aussi Ipséité originaire. Elle est la structure monadique de l'être, celle qui, aux yeux de Michel Henry, est pure « intériorité »[177] à la manière de l'âme.

A tout bien considéré, le concept de l'âme doit-être considéré comme une structure monadique, une structure intérieure qui est source motrice de toute donation et structure fondamentale de toute réalité possible. L'âme porte en elle l'ipséité originelle, mieux elle est ipséité originelle, et en tant que telle, elle est pure intériorité, elle est la conscience de toute conscience[178], l'essence de toute essence, bref, elle est la vie qui donne accès à tous les modes de vie, elle est la vie originelle et originale qui ne peut ni être sentie, ni être connue, ni être représentée. Elle s'éprouve elle-même sous forme d'une auto-affection, sous forme d'une donation d'elle-même et d'autres réalités possibles, plus encore sous forme d'une vie intérieure et fondatrice de toute vie.

---

[174] M. HENRY, *op.cit.* p.35.

[175] *Idem,* p.38

[176] *Idem.*

[177] *Idem.*

[178] La phénoménologie revêt ainsi chez Miche Henry, une nouvelle définition : elle est conscience de la conscience. Or, c'est la vie qui est conscience originelle, la conscience de toute conscience. Ainsi donc la phénoménologie est une phénoménologie de la vie comme conscience de toute conscience. Il convient de garder à l'esprit ce rapport entre la phénoménologie et la vie. Car ce rapport va gouverner le reste de notre parcours. La phénoménologie n'est plus une méthode d'accès aux phénomènes, mais une méthode d'accès à la vie comme intériorité, une vie qui est dès lors le réel éprouvé mais difficile à circonscrire dans un temps et dans l'espace. Une vie qui est l'être premier, qui est ontologie, qui est pure immanence. Nous y reviendrons plus loin.

Au regard de Michel Henry, la philosophie qui s'intéresse à l'étude de l'intériorité en tant que condition de possibilité de toute connaissance, est plus qu'une philosophie réflexive, comme celle développée par Nabert, Louis Lavelle ou par Paul Ricœur. La philosophie qui prend pour point de départ et comme fondement, l'intériorité du sujet connaissance, ainsi que la subjectivité du corps, c'est à vrai dire, l'onto-phénoménologie de la vie : celle on en conviendra, qui place la vie éprouvée au fondement de toute connaissance de soi, du monde et de l'Absolu. C'est à cette notion de la vie que nous désirons consacrer le point suivant. Si nous voulons placer la vie éprouvée au fondement de tout accès de l'absolu, au monde et à soi, il nous semble important de ne pas passer très rapidement sur ce concept de « vie » et d'essayer de saisir autant que faire se peut, la signification qu'elle revêt de la pensée de Michel Henry. « Qu'est-ce que cela que nous appelons la vie »[179] ?

> « La vie est une notion vague aux significations multiples puisqu'elle se réfère aussi bien aux phénomènes élémentaires, comme ceux de la nutrition ou de la reproduction ;que l'on trouve chez tous les êtres ayant atteint un degré d'organisation, qu'à l'activité quotidienne des hommes ou enfin à leur expérience spirituelle la plus haute… A l'idée de la vie est encore liée l'idée de la spontanéité qui dévalorise d'un coup le mécanisme, la logique, la pâle d'abstraction et la raison elle-même…Cependant, si une philosophie rigoureuse dressait le compte exacte de ces diverses significations, elle retrouverait sans doute, en chacune d'elles, une même essence mystérieuse visée pour elle-même ou par analogie, celle qui fait que, nous aussi, nous sommes des vivants. Voilà pourquoi, lorsque, ouvrant le vieux livre nous lisons : « Je suis la Voie, la Vérité et la Vie. »[180]

Penser une phénoménologie de la vie, c'est donc au préalable définir la vie, comme une essence commune, à la fois, mystérieuse, transcendante et immanente à toute chose et à tout être. Voyons comment une telle conception s'articule dans la pensée de Michel Henry, ainsi que le rapport qu'il essaie de dégager entre la vie et l'être, car pour lui- et il convient de le dire dès maintenant : « vivre signifie être »[181]. L'ontologie et la vie entretient un rapport qu'il nous appartient, dès à présent

---

[1] C'est le titre d'une conférence donnée par Michel Henry à l'université de Québec à Trois-Rivières, le premier novembre 1997, et publié dans philosophiques 1 (197), Montréal, p.133-150.

[180] M.HENRY, « Qu'est-ce que cela que nous appelons la vie ? », *Phénoménologie de la vie*, PUF, 2003, p.40

[181] *Idem.*

d'élucider par une onto-phénoménologie de la vie, car la vie y est décrite comme fondement originaire de toute autre forme de vie extérieure.

II.6. La vie comme fondement originaire et absolu : l'Archi-Vie

Rappelons que la vie pour Michel Henry, n'est pas celle dont parle la biologie. La vie dont parle Michel Henry, c'est une vie phénoménologique et transcendantale. Phénoménologique, elle l'est parce qu'elle définit le mode originaire de la phénoménalité   pure, celle que notre auteur appelle à juste titre « révélation »[182]. La révélation, lorsqu'elle s'applique à la vie, n'a aucun rapport à l' apparaître du monde dont l'indifférence et la   neutralité nous ont déjà été démontrées. Nous l'avons dit, l'apparaître du monde a pour ambition premier l'effort de dévoilement d'un « hors de soi » ; de ce qui est extérieur au soi, différent de soi, étranger au soi. Tel n'est cependant le cas pour la révélation, car celle-ci ne dévoile rien qui soi hors d'elle, en un certain sens, elle se dévoile elle-même. C'est là le premier trait distinctif de la vie. En elle, il n'y a aucun écart entre ce qu'elle est et ce qu'elle dévoile. La vie est en quelque sorte une vie toujours et déjà autorévélation, elle est la vie qui « se révèle »[183]. Cette expression mérite d'être bien explicitée et les mots de Michel Henry peuvent en dire davantage, si l'on considère une déclaration comme celle-ci :

> « Autorévélation, quand il s'agit de la vie, veut dire deux choses : d'une part c'est la vie qui accomplit la révélation, elle est tout sauf une chose. D'autre part, ce qu'elle révèle, c'est elle-même. Ainsi l'opposition entre ce qui apparait et l'apparaître pur, de là, présente dans la pensée classique et portée au premier plan par la phénoménologie, disparait dans le cas de la vie. La révélation et ce qui se révèle ne font qu'un. »[184]

En d'autres termes, une redéfinition de l'apparaître se met ainsi au jour. Il est devenu non plus distinct de ce qui apparaît, mais ce qui apparaît en tant que tel. Par là aussi, la révélation c'est l'acte même révélé, car ce qui se révèle c'est cela même la révélation. Il n'y a donc plus d'écart entre l'apparaître et ce qui apparait, de même qu'il n'y a plus aussi d'écart entre ce qu'est la vie et ses manifestations. Confondue avec ses manifestations, l'essence de la vie se révèle à elle-même, ce qui nous amène à conclure que la vie seule nous permet de savoir ce qu'est la vie.

---

[182] M.HENRY, *op.cit.*, p.65.
[183] *Idem*, p.63.
[184] *Idem*, p.65.

Pour illustrer l'absence d'un tel écart, d'une distance entre la vie et ce qu'elle révèle et pour en arriver à la thèse qui pose la vie, comme un invisible[185], Michel Henry recourt à la notion de la souffrance et de l'angoisse en soulignant que « En l'absence de tout écart intérieur à la souffrance, c'est la possibilité de diriger sur elle un regard qui est exclue. Personne n'a jamais vu sa souffrance, son angoisse ou sa joie. La souffrance comme toute modalité de la vie, est invisible »[186].

Si dans l'apparaître du monde, il fut possible de penser le monde comme pure extériorité et sur phénoménalité, la conception de la vie comme invisibilité nous situe en face d'une réalité, celle du caractère abrupte, réel, immédiat, incontestable et invincible de la vie. Tous ces attributs ne nous disent rien d'autre que le fait qu'elle ne peut être saisie ni conceptualisé. La vie est essentiellement une vie éprouvée et sa réalité repose sur le fait qu'elle est affective, qu'elle se sent, comme c'est le cas de la joie et de la souffrance. En réalité, on ne peut avoir une vision objective et indifférente de la joie et des souffrances. Les deux expériences ne peuvent pas être pensées en dehors du sujet qui les éprouve. C'est seulement, remarque Michel Henry, « lorsque toute distance est abolie, quand la souffrance s'éprouve dans son pur jouir qu'il s'agit d'une souffrance effective, que révélation et réalité ne font qu'un »[187].

A côté de ce trait distinctif de la vie, en rapport avec l'apparaître du monde, Michel Henry pose un autre trait : celui qui fait que la vie- contrairement à l'apparaitre du monde totalement indifférent et neutre, parce qu'ouvert à tous sans préférence- est omniprésente à chaque vivant, tout en demeurant en elle. En ce sens, elle n'est ni pure extériorité, ni pure intériorité, car tout en étant un en soi, elle est dans chaque vivant, « comme ce qui le fait vivre et elle ne le quitte jamais aussi longtemps qu'elle vit »[188]. Ici, apparait un aspect considérable : celui qui établit une relation entre la vie et le vivant. La question que l'on peut dès lors poser est celle qui vise à savoir, sous quelles modalités, la vie est-elle présente dans le vivant. Est-ce sous le mode de la transcendance, de l'altérité, de la co-originalité, de la coexistence ou alors de l'immanence absolue ? En tout cas, pour Michel Henry, la relation entre la vie et les vivants est sous les modalités de l'immanence absolue.

---

[185] Mais, invisible ne signifie pas chez Michel Henry, une dimension d'irréalité ou d'illusion, quelque arrière-monde fantasmatique, mais précieusement son contraire. L'invisible n'a donc des traits communs avec l'apparaître du monde, qui, on l'a vu plus haut, jetant tout hors de soi, réduit aussi tout à une série d'apparences extérieures qui n'ont plus aucune intériorité.

[186] M.HENRY, *op.cit.*, p.66.
[187] *Idem.*
[188] *Idem.*

Penser la vie comme immanence absolue, c'est en notre sens établir que la vie, en elle-même n'existe pas, elle est toujours et déjà une vie incarnée dans un vivant. Mais,   c'est aussi signifier que les vivants eux aussi n'existent pas sans porter en eux la vie, de telle sorte que la question de la relation de la vie au vivant ne peut faire l'économie de la coappartenance. Pas plus que celle de la co-appartenance, la question du rapport de la vie au vivant, est une question de co-originalité, celle qui sans convenance aucune nous contraint de remonter à une vie absolue, « la vie dont parle Saint Jean l'évangéliste »[189].

Et cette démarche est essentiellement phénoménologique, en tant qu'elle vise à remonter à la vie première, à l'originaire, celle qui a le pouvoir de s'apporter elle-même dans la vie, celle qui est un soi réel, le premier Soi Vivant qui s'éprouve à soi-même et qui se révèle à soi. Michel Henry décrit cette vie comme le Verbe de toute vie et il le dit en des termes limpides que nous proposons de reproduire in *extenso*.

> « La vie absolue est la vie qui a le pouvoir de s'apporter elle-même à la vie. La vie n'est pas, elle advient et ne cesse d'advenir. Cette venue de la vie est son éternel parvenir. Le procès dans lequel elle se donne à soi, s'écrase contre soi, s'éprouve soi-même et jouit de soi, produisant ainsi constamment sa propre essence, pour autant que celle-ci consiste dans cette épreuve et cette jouissance de soi. Or aucune épreuve ne se produit comme épreuve de soi si elle ne génère dans son accomplissement même l'*Ipséité* en laquelle il lui est donné de s'éprouver et de jouir de soi. Pour autant que nous ne parlons pas du concept de vie, mais d'une vie réelle, phénoménologiquement effective, alors son Ipséité en laquelle cette vie réelle vient en soi en est de phénoménologiquement effective elle aussi, c'est un soi réel, le premier Soi Vivant »[190].

Poser un premier *Soi Vivant* qui est un premier soi réel, c'est en quelque sorte, poser une *Archi-Vie*, un fondement de toute vie : L'Archi-Vie, entendue comme auto-génération et autorévélation. Elle est en quelque sorte la vie du *Vivant Premier*.

On peut, au regard de cette transcendance de la Vie première, du premier Verbe immanent, être tenté de poser un principe absolu, ce qui, dans un certain sens, risque de nous situer sur un champ dogmatique voire même un champ de croyance en une Vérité absolue et incontestable, en nous écartant par le fait-même du champ phénoménologique. En d'autres mots, la considération d'une vie absolue et invisible

---

[189] M.HENRY, *Op.cit.*, p.66.
[190] *Idem*

risque de nous replonger dans les circonvolutions métaphysiques complètement détachées de la vie réelle, celle que Dominique Janicauld dénonce dans son *Tournant théologique de la phénoménologie française*. Pour ne pas succomber à un tel piège, Michel Henry veut que sa phénoménologie soit alors une phénoménologie de la vie qui s'éprouve non celle d'une vie irréelle et imaginaire.

Toutefois, chez notre phénoménologue, il y a une relation entre la vie commune éprouvée par les vivants que nous sommes et la vie comme immanence absolue et fondement de toute vie. Cette relation, peut se situer à deux niveaux : tout d'abord, la vie que les vivants éprouvent est aussi auto-affection, car chaque vivant s'éprouve comme un moi particulier et distinct des autres mois. *« Je ne suis pas seulement pour moi-même, je suis moi »*, souligne Michel Henry. Ensuite, il nous faut prendre soin de souligner que je ne suis pas pour moi, au risque de me considérer comme pure individualité, comme une chose parmi les choses ou comme un homme parmi les autres hommes, celui qui ne se soucie que de lui-même et qui ne se préoccupe des autres qu'en vue de lui-même. Aussi, bien que le moi ait une vie tout à fait particulière et distincte, encore faut-il préciser qu'elle ne lui vient pas de lui-même. C'est en ce sens que Michel Henry établit la nuance selon laquelle : « moi je suis moi-même, mais ce n'est pas moi qui me suis apporté la vie. Je suis donné à moi-même, mais ce n'est pas moi qui me suis donné à moi-même »[191].

De part en part, la vie de chaque vivant est à la fois une vie personnelle mais en même temps une vie donnée, celle qui émerge de l'auto-donation d'une vie en Soi, celle que nous avons décrite comme l'immanence absolue, le premier Vivant, celui qui en tout cas, donne la vie à tous les vivants en se donnant lui-même une vie qu'il ne peut garder pour lui-même. Tout en « s'engendrant lui-même »[192], le premier Vivant engendre tous les vivants. Il est en quelque sorte auto-engendré, automanifestation, autorévélation, bien plus, en tant que autorévélation, le premier vivant est pure libéralité, pure bonté pour les autres vivants, parce que justement il se donne dans une totale gratuité. La vie devient alors incarnation d'un amour reçu par un Etre qui est total donation et qui est soubassement de toute autre vie : *L'Archi-Vie à la fois Archi-possibilité et Archi-passibilité*.

---

[191] M. HENRY, « Qu'est-ce que cela que nous appelons la vie ? », *Phénoménologie de la vie*, p.68.
[192] M. ECKHART, « Sermon n°6 », *in Traité et sermon*, Paris, Aubier, 1942, p.146.

III.6. L'Archi-vie : Archi-passibilité et Archi-possibilité

Le Vivant premier que Michel Henry place au fondement de toute vie, est en ce sens un verbe[193] porteur de vie, donateur de vie à tous les vivants. Dans une telle logique, la naissance ne doit plus être considérée comme une naissance au monde, comme on a coutume de le dire, elle devient une naissance à la vie, avant d'être une naissance au monde. C'est dire que ce que l'on reçoit d'abord, c'est la vie avant la naissance qui n'est que l'effectuation de la vie, une matérialisation de la vie. Nous commençons par venir à la vie avant de venir au monde. On comprend dès lors pourquoi, Michel Henry trouve mal propre de parler de la naissance lorsqu'il s'agit des choses. « Les choses ne naissent pas »[194], mais ils viennent au monde sous forme de l'apparaitre dans la lumière du monde. Par ailleurs, le concept de naissance doit être rattaché aux vivants, car eux, adviennent en tant qu'élément du *Soi transcendant*, ce qui fait de chaque vivant un Soi, lui aussi transcendantal. Cela fait de notre naissance à la fois un don et une transcendance :

> « Nous venons dans la vie pour autant que la vie vient en soi. C'est parce que la vie absolue vient en soi en s'éprouvant soi-même dans l'Ipséité du Premier Soi Vivant qui est son Verbe que tout homme donné à soi dans son Ipséité de cette vie vient en soi comme Un Soi transcendantal vivant. C'est pour cette raison que toute vie, toute vie phénoménologique transcendantale est marquée par une individualité radicale et insurmontable »[195].

Pour autant que toute vie est une vie phénoménologique, en tant qu'elle est un en soi qui se suffit à lui-même, parce qu'elle est la chose elle-même advenue à la vie, par libéralité et par la dynamique du don que le Soi absolu fait aux vivants en les faisant advenir, en leur donnant la vie et cela par pur amour et par pure bonté. Elle se sent tout aussi comme une affection au sens de sentiment de l'amour.

La phénoménologie de la vie, est ainsi une phénoménologie de l'Amour, le lieu où nos diverses tonalités trouvent leur possibilité ultime de vie. Mais, les possibilités d'éprouver la vie, ne sont données qu'à un être qui est passible, c'est-à-dire capable d'être affecté, de sentir ses diverses tonalités, qu'elles soient positives, neutres ou négatives. L'oscillation perpétuelle qui conduit au passage d'une tonalité

---

[193] Il faut souligner que la notion du Verbe qui se fait Vie, est tirée d'un commentaire qui se dégage de la lecture que Michel Henry fait de l'Evangile de Saint Jean.

[194] M. HENRY, *Op.cit.*, p.68.

[195] M. HENRY, « Qu'est-ce que cela que nous appelons la vie ? », *Phénoménologie de la vie*, p.68.

à une autre, nous révèle que la vie est par essence passivité et à cet effet, une phénoménologie de la vie, doit prendre absolument en compte le caractère inconstant qui est celui de la vie éprouvée. Comme disait jadis Héraclite et après lui bien d'autres penseurs du devenir, l'existence est fluctuante, elle est changeante. On peut dire la même chose de l'épreuve de la vie : elle est continuellement traversée par des diverses et changeantes tonalités, parfois le souffrir, parfois le jouir et parfois ni l'un ni l'autre, « preuve de la finitude originaire et de la contingence de notre vie »[196] , qui non seulement est une passibilité mais aussi et en même   temps une possibilité.

La phénoménologie de la vie que pose Michel Henry, vise ainsi à établir un rapport   entre l'Archi-passibilité et l'Archi-possibilité. Pour le dire simplement, Michel Henry pense que la vie est une vie éprouvée, uniquement pour un vivant capable de ressentir les sentiments, mais aussi capable d'affection. Elle est aussi une vie pour un vivant capable de possibilité, susceptible de croissance.

En outre, la vie, si elle doit être saisie comme un phénomène qui est venu à l'existence, c'est sous l'entremise de la démarche phénoménologique. En fait, un coup d'œil rétrospectif dans l'histoire de la philosophie, nous révèle l'absence d'une réflexion profonde sur la vie. Non pas la vie biologique comme nous l'avons dit, mais la vie en tant que tel, en tant qu'essence, en tant qu'intégrité. Et Michel Henry le souligne avec raison lorsqu'il constate que « la vie a été la plus grande absente dans la philosophie occidentale tributaire de la Grèce qui définit l'homme par la pensée. Lorsqu'au début du XIX Siècle la vie fait avec Schopenhauer, son grand retour sur la scène européenne, c'est une vie privée d'individualité, une vie anonyme, impersonnelle, sauvage, qui va établir son règne non seulement sur la philosophie mais sur la culture tout entière, lui conférant son caractère tragique et absurde, frayant la voie à la force brutale, à la violence, au nihilisme. »

En ce sens, nous constatons, dans la tradition philosophique[197], une absence criante d'une réflexion rigoureuse et phénoménologie sur la vie. Raison pour laquelle, Michel Henry va dès lors introduire une phénoménologie de la vie qui pense en tout vivant l' « advenu » d'une vie qui se manifeste et s'éprouve comme un Soi. Dans la systématisation de cette phénoménologie, l'hypothèse de fond est que toutes les modalités de la vie, y compris d'ailleurs celle de la pensée, sont affectives en leur fond et cela parce que la matière phénoménologique qui en constitue la trame est originairement une *Archi-passibilité*, c'est-à-dire une connexion entre la vie et l'affectivité, étant entendu que l'affectivité est comprise

---

[196] M. HENRY, *Op.cit.*, p.71.
[197] M.HENRY, Op.cit.p.69)

ici au sens de « s'éprouver soi-même »[198], mais aussi au sens de l'amour, c'est-à-dire, ce qui s'éprouve en terme d'affection. On comprend alors le recours que Michel Henry fait aux paroles de Saint Jean pour qui, justement Dieu n'est pas seulement la vie, il est aussi l'amour, il est l'amour incarné. Avant d'en arriver au concept d'amour incarné, il nous semble bon de clarifier au préalable le concept d'incarnation qui est très important pour une meilleure compréhension de la phénoménologie chez Michel Henry.

III.7. La vie incarnée dans une chair

La chair, en effet, ne se rejoint que dans la différence à soi-même, et dans le rapport du touchée. Les corps et chair, dans une telle relation, se donnent ainsi l'un à l'autre dans un domaine de proximité et par souci de conversation mutuelle. Néanmoins, penser cette conversation des corps, dans une sorte de proximité de soi à soi, c'est à notre sens, décrire l'articulation de l'auto-affection et de l'hétéro-affection, de l'altérité à soi et de l'altérité étrangère. C'est en ce sens qu'il faut comprendre le recouvrement de la chair et du corps par une proximité qui met en lumière un mouvement de venir à soi, un mouvement qui nous fait échapper à l'alternative de l'immanence et de la transcendance que l'on est tenté de donner au soi.

Ainsi importe-t-il de rappeler que l'espacement qui se déploie dans le jeu du toucher et du voir, nous situe dans la phénoménologie de Merleau-Ponty. Il y a plus. Il appartient à Merleau-Ponty d'avoir montré que la réflexivité du toucher et du voir est essentiellement inaccomplie dès lors que l'on pense la chair comme élément de l'être au monde. Dans ce sens précis, Merleau-Ponty est un précurseur de Michel Henry, même si ce dernier est allé plus loin en pensant la transcendance de la chair. A tout point considérer, Michel Henry expose, dans *Phénoménologie de la chair* la démarche propre à sa phénoménologie.

La question majeure qui l'intéresse est celle du monde sensible, aux prises avec le renversement de la phénoménologie, par suite du mouvement de la pensée qui vise à cerner ce qui vient avant elle. La vie vient avant la pensée et comme nous l'avons montré, elle est essentiellement auto-donation, parce qu'elle advient elle-même en soi. C'est en ce sens, que le renversement de la phénoménologie que pose Michel Henry, pense la présence de la vie, sur la pensée. Qu'est-ce qui justifie cette préséance de la vie sur la pensée ? A en croire notre auteur, « préséance de la vie

---

[198] M. HENRY, « Qu'est-ce que cela que nous appelons la vie ? », *Phénoménologie de la vie*, p.70.

sur la pensée [...] n'est possible que parce que, dans l'ordre de la réalité et par conséquent de la réflexion philosophique elle-même, la vie s'est d'ores et déjà révélée à soi »[199].

Comme on peut le constater, cette présence de la vie sur la pensée nous situe sur le point où la démarche propre à Michel Henry met en mal l'attitude de la pensée moderne marquée par Galilée et bien après par Descartes. Ces deux auteurs, dans la mesure où leurs approches soulignent le primat de la pensée sur le corps, seront dépassés par la phénoménologie de Merleau-Ponty, notamment avec la notion du corps-monde. Dans cette même lignée, Michel Henry reprend sa propre analyse ayant donné ainsi la véritable dimension de son renversement de la démarche mise en lumière par Merleau-Ponty. A la place du corps-monde, il pose le corps-vie et c'est là que « s'ouvre la voie nouvelle, une voie royale même si elle ne fut sue très rarement empruntée par la philosophie : celle de comprendre le corps non plus à partir du monde, mais à partir de la vie »[200].

Comprendre le corps à partir de la vie, c'est chez notre auteur, trouver le lieu d'ancrage de la vie : la chair. De ce point de vue, l'étude de la chair est minutieusement développée à partir du rapport entre la vie, l'*Ego* et l'homme. C'est en ce sens que Michel Henry peut affirmer « pas de Soi, pas de moi, pas d'*ego*, pas d'homme »[201]. Toutefois, s'il est à établir que la nature de l'homme prend en son compte le concept d'*Ego* et celui de la subjectivité, c'est dans le but d'affirmer la spécificité de chaque vivant. Il y a donc une individualité irréductible et spécifique à chaque sujet. Mais, qu'est-ce qu'un soi sans chair ? Qu'est-ce qu'une chair sans subjectivité ?

On en conviendra, de même qu'un soi sans un ancrage dans une chair est inconcevable, de même, il est inconcevable de penser une chair qui ne porte un soi vivant. C'est d'ailleurs ce dilemme qui conduit Michel Henry à ouvrir sur une réflexion sur la naissance :

> « Venir dans la vie en tant qu'un Soi transcendantal vivant s'éprouvant soi-même dans sa chair de la façon dont s'éprouve toute chair, c'est naître. Naître ne signifie donc pas,   comme on l'imagine naïvement, venir dans le monde sous la forme d'un corps objet, parce qu'alors il n'y aurait jamais aucun individu vivant, tout au plus l'apparition d'une chose, d'un corps mondain soumis aux lois du monde, tenant ses propriétés phénoménologiques – sa spatialité, sa temporalité, ses

---

[199] M.HENRY, *Incarnation, Phénoménologie de la chair*, p.136.
[200] *Idem*, p.167.
[201] M. HENRY, *Incarnation, Phénoménologie de la chair*, p. 172.

relations de causalité avec   l'ensemble des corps- de l'apparaître du monde ; dépourvu cependant dans le principe de ce qui n'advient jamais que dans la vie cette possibilité originaire et transcendantale de s'éprouver pathétiquement soi-même dans une chair. »[202]

La chair est ainsi le lieu de l'épreuve pathétique de soi à soi-même, c'est le lieu du sentir originaire. Il importe de souligner alors que naître signifie dans le langage de Michel Henry, venir dans une chair, de telle sorte que c'est dans l'Archi-Chair de la Vie que toute chair vient à la vie. On saisit alors mieux pourquoi, la « phénoménologie de la chair renvoie invinciblement à une phénoménologie de l'Incarnation »[203].

Ce qu'il faut signaler à ce niveau, c'est le lien qui se repère ici entre la conception henryenne de la chair et la tradition des penseurs chrétiens comme par exemple Irénée et Tertullien. Seulement, Michel Henry garde sa distance vis-à-vis de ces penseurs, surtout lorsqu'il recourt à la phénoménologie de Maine de Biran. L'analyse qu'il emprunte à Maine de Biran donne au concept de monde son sens véritable : « La chair, mémoire immémoriale du monde »[204].

C'est dans le souci de faire droit à ce qui a été dit dès le début sur la valeur paradigmatique de la chair pour toute action humaine que Michel Henry arrive aux limites de son propos et il s'interroge sur le paradoxe que recèle la notion de la chair : comment la chair peut-elle être à la fois le lieu de la perdition et celui du salut ? La découverte de cette duplicité de la chair, de sa dimension à la fois humaine et inhumaine, jette un discrédit à toute entreprise de valorisation de la chair. C'est cela qui va conduire Michel Henry à opérer un saut, c'est-à-dire à passer de la phénoménologie de la chair, à la phénoménologie de l'incarnation. Car, souligne-t-il « seule une phénoménologie de l'Incarnation est en mesure de nous éclairer »[205]sur la nature de la chair.

La phénoménologie de l'incarnation, après avoir pris la place de la phénoménologie de la chair, prend aussi distance vis-à-vis de la doctrine chrétienne de l'incarnation, en ne la considérant que sous un regard scientifique habité par une exigence scientifique d'objectivité.

La phénoménologie d'incarnation n'aborde donc pas la question de l'incarnation selon le sens chrétien. Elle pense l'incarnation comme enracinement : Elle cherche à situer l'origine de la vie, en sa donation objective. Elle refuse que

---

[202] *Idem,* p. 179.

[203] *Idem*

[204] *Idem,* pp. 209-215.

[205] M. HENRY, *Incarnation, Phénoménologie de la chair,* p. 238.

l'on parle de la vie comme s'il s'agissait d'une présence détachée d'un corps. La vie est bel et bien incarnée dans une chair. S'il est vrai que la vie est incarnation, il reste aussi vrai qu'elle est une essence incarnée. Ce n'est pas tout. La vie naissante vient d'une *Archi-vie*.

Au fond, en bon lecteur des Evangiles, Michel Henry ira même jusqu'au prologue de toute vie, pour penser son incarnation originaire. Le recours au prologue de l'incarnation de toute vie, nous conduit alors à penser le moment premier de cette incarnation, sous les modalités d'une Archi-incarnation, d'une première incarnation, celle du Verbe premier qui s'est fait Vie première. On comprend alors pourquoi, notre auteur arrive à cette conclusion : La Chair originaire est à penser « Au cœur de notre 'être' ; là où tout vivant advient à la vie, ou la Vie se donne à lui-même dans l'Archi-intelligibilité de son auto-donation absolue-dans notre naissance transcendantale, là où nous sommes les fils »[206]. Si donc au cœur de notre être, il y a une Archi-Vie qui est Archi-intelligibilité et Archi-incarnation, alors la Chair est elle aussi une chair transcendantale, une Chair dans laquelle la vie première s'incarne sous forme de l'Amour.

III.8. La Vie comme amour incarné dans une chair transcendantale

L'Archi-passibilité de la vie que nous avons décrite comme la possibilité pour la vie de s'éprouver elle-même s'applique plus aux vivants capables des sentiments, aux êtres de Chair, pourrait-on dire. Aussi l'archi-possibilité nous dit que la vie est toujours une vie advenue à l'existence, une vie qui n'était pas, mais qui est dès lors à l'existence sous forme d'une incarnation. Or, l'un des caractères singuliers de l'être humain, c'est justement le fait que son existence est « une existence incarnée »[207]. L'existence incarnée est fondamentalement la description d'une existence dans un corps et en ce sens, le corps devient le mode d'apparaître du monde, mieux son extériorité. Mais, ce corps qui est vu, touché et entendu, présuppose un second corps : « le corps transcendantal »[208] ayant pour tâche principale de sentir le corps extérieur, pour ne pas dire le corps objet. Loin d'être dans un dualisme, cette distinction veut simplement nous dire que le « corps-objet »[209]ne peut jamais se sentir lui-même, il n'est pas auto-donation sans la

---

[206] *Idem*, p. 364.
[207] M.HENRY, *Phénoménologie de la vie*, Paris, PUF, 2000, p. 221.
[208] M.HENRY, op. cit, p.74.
[209] M.HENRY, *Incarnation. Une philosophie de la chair, éd. Seuil*, Paris, 2000, p.221.

médiation d'une vie originaire, car « aucun objet n'a jamais fait l'expérience d'être touché ou de se toucher lui-même »[210].

C'est ainsi que nous nous sentons conduit à une autre conception du corps. Le corps en réalité, n'est pas pur apparaître, il appartient à la vie. Raison pour laquelle, le corps-objet ne nous dévoile pas encore son invisibilité qu'est la vie. Voilà pourquoi aussi nous nous sentons amener à redéfinir avec Michel Henry, une phénoménologie de la chair[211]. Celle qui suppose une incarnation de la vie dans le corps-chair. Ce corps toutefois, « n'est plus un corps visible mais une chair invisible »[212] et la chair revêt elle aussi une signification toute nouvelle.

> « Car notre chair n'est d'autre que cela qui, s'éprouvant, se souffrant, se subissant et se supportant soi-même et ainsi jouissant de soi selon des impressions toujours renaissantes, se trouve, pour cette raison, susceptible de sentir le corps qui lui est extérieur, de le toucher aussi bien que d'être touché par lui. Cela dont le corps extérieur, le corps inerte de l'univers matériel, est par principe incapable »[213].

Très exactement, il y a un rapport entre la vie comme archi-passibilité, le corps transcendantal et la chair[214] invisible, de telle sorte que la phénoménologie de la vie se doit alors de penser la chair, le visible ou le corps, non plus comme des pures phénoménologies, non plus comme l'apparaître du monde qui est pure extériorité, mais bien au contraire, il s'agit de reconnaître une certaine affinité entre le Verbe, la Vie et la Chair. Bien plus, il faut reconnaître entre ces trois éléments, « une certaine identité d'essence qui n'est rien d'autre que la vie absolue »[215].

Ainsi donc, la phénoménologie que nous venons de systématiser à travers les intuitions de Michel Henry, nous avance sur trois principaux points qu'il est indéniable de retenir pour ne pas perdre le fil d'idées :

Primo : la phénoménologie ne doit plus être comprise comme pure phénoménologie, pur paraître du monde, pure extériorité du soi au soi, dans une neutralité non thétique. Elle doit être comprise désormais comme la quête de l'intériorité, comme acte même d'apparaître.

Secundo : une fois comprise comme quête de ce qui est d'intime dans ce qui apparaît, la phénoménologie suppose encore le dépassement de l'indigence

---

[210] M.HENRY, *Essence de la manifestation*, p.295.

[211] M.HENRY, *Phénoménologie matérielle*, PUF, collection ''Epiméthée'', 1990.

[212] M.HENRY, *Phénoménologie matérielle*, p.74.

[213] M.HENRY, *Incarnation. Une philosophie de la chair*, Paris éd. Seuil, 2000, p. 8.

[214] Pour Michel Henry, la chair est réellement invisible lorsqu'elle est portée à la vie et en ce sens elle n'est plus un corps objet limité à la sensualité. La chair porte en elle une vie.

[215] M.HENRY, *Phénoménologie de la vie*, p. 75.

ontologique caractéristique de l'apparaître du monde, et cela certes, dans l'optique de poser une suffisance ontologique par la quête d'une essence première, d'un apparaître premier, celui qui fait advenir tout ce apparaît : la vie. La phénoménologie devient alors une phénoménologie de la vie et à ce titre, elle est une méthode d'accès à la vie première, le vivant premier, la vie absolue immanente en tout être vivant.

Tertio : la phénoménologie de la vie, ainsi posée, nous ouvre alors les portes vers une relation entre Vie Absolue et vie des vivants. Cette relation est en termes de donation, génération, affection, d'épreuve, de possibilité et de passibilité, d'incarnation et d'invisibilité. De part et d'autre, la vie des vivants qui est une vie contingente et changeante, une vie traversée par des diverses totalités, n'est incompréhensible qu'à partir de la vie infinie et absolue en laquelle elle est donnée à soi. Car notre vie est en fin de compte incapable de se donner à soi, ce qui nous renvoie au premier Soi, au Verbe par lequel la vie absolue se révèle à soi sous forme d'une archi-passibilité et archi-possibilité.

Il apparaît ainsi que la vie présente en elle-même une immanence, qui affecte même la chair que l'on est souvent tenté de réduire à la sensualité et l'objectivité radicale. Ainsi on donne à la chair une certaine intelligibilité, une certaine gnose propre à elle, elle est une « *Archi-intelligibilité* », le lieu où le verbe s'est incarné, le lieu où le Verbe comme Vie se manifeste, la demeure de Dieu en nous. C'est cela qui amène Michel Henry à conclure : « au fond de sa nuit, notre chair est Dieu »[216]. Cette affirmation est onto-phénoménologique, parce qu'en considérant Dieu comme l'essence première, elle le pense au même moment comme un Dieu incarné sous forme d'une vie immanente et absolue en toute chair. Parce que cette onto-phénoménologie s'applique à la vie, et pour autant qu'elle donne à penser, nous avons donc à y réfléchir dans la suite de notre cheminement, sans vouloir séparer radicalement l'onto-phénoménologie de la phénoménologie de la vie.

Réfléchir sur l'onto-phénoménologie de la vie, signifie de prime abord quêter le fondement de toute vie : l'être qui est vie, Dieu[217]. En effet, comme nous allons le voir tout au long de ce point que nous désirons circonscrire, la vie manifestée n'est pas son propre fondement, elle trouve son fondement dans ce que nous avons appelé, *le Vivant premier*, la Vie présente en toute vie, et à ce titre, on peut comprendre que nous ne nous sommes pas apportés nous-mêmes à la vie. La vie, à

---

[216] M.HENRY, *Phénoménologie de la vie*, p. 76. (Comme pour dire au fond de la souffrance de la chair, la Vie demeure cependant présente).

[217] M.HENRY, « Acheminement vers La question de Dieu : preuve de l'être ou épreuve de la vie », *in Archivio di Filosofia*, 1-3, 1990, p 521-530.

vrai dire, nous est donnée en permanence sans que nous n'y soyons pour rien, ce qui inéluctablement nous conduit à souscrire à la thèse selon laquelle nous subissons la vie dans une passivité radicale, plus encore nous sommes réduits à la supporter à chaque instant, comme ce que nous n'avons pas voulu. C'est cette passivité radicale de la vie, qui fait d'elle un être donné, reliant par le fait même la phénoménologie - que nous avions redéfinie comme donation originaire- et l'être de la vie compris comme son essence irréductible. L'onto-phénoménologie de la vie vise donc à poser la vie, à titre d'un don qui trouve son fondement dans une Vie. Cette Vie première, cette Archi-Vie est fondamentalement auto-donation, elle est un pathos et un sentir originaire. C'est elle qui donne la vie à tous les vivants dans la dynamique de don et de libéralité.

III.8. Conclusion partielle

L'onto-phénoménologie, nous l'avons montré, comme lieu de jonction de l'ontologie et de la phénoménologie, aura dominée toute l'histoire de la philosophie du vingtième siècle jetant par là le pont entre l'ontologie et la phénoménologie. Mais, cela suffit-il pour en conclure que la question de l'être fut résolue ?

Appliquer les attributs de l'être à la notion de vie visible et invisible, revient ainsi à considérer la vie comme la *problématicité* centrale de l'entreprise onto-phénoménologique, qui se veut interrogation sur l'être du moi mais aussi et en même temps sur l'être qui est vie.

Le but de ce chapitre a été d'analyser le rapport qu'il est possible d'établir entre le concept de l'être et le concept de la vie. Toute la question dans ce chapitre fut aussi celle de savoir comment une telle vie peut être phénoménalisée et c'est ici où une analyse méthodique et herméneutique s'est avérée indispensable. Elle a consisté, après le préalable d'une présentation sommaire de la pensée de Michel Henry, à poser tout d'abord les conditions de possibilité pour une philosophie de la vie ; celle qui cherche à prendre en charge l'expérience de la vie éprouvée. Par la suite, nous nous sommes attachés à la considération de la vie éprouvée comme essence de l'ipséité. Il a été brièvement question de penser la vie éprouvée comme la forme de la forme, comme l'essence de l'essence.

Cette affirmation nous aura placé au cœur de l'onto-phénoménologie de Michel Henry parce qu'elle conduit inéluctablement à la notion de l'essence de la révélation par immanence, c'est-à-dire la vie éprouvée dans son immanence. Pour démontrer une telle révélation, il a été question de montrer que le concept d'immanence est essentiellement une affection qui se produit dans l'immédiat, sans intermédiaire et en ce sens, elle est pure réalisation d'elle-même, dans son unité et son unicité, dans sa pureté et sa plénitude. Raison pour laquelle, nous nous sommes attachés à considérer la vie éprouvée comme vie originaire, comme vie fondamentale. De la sorte, la vie éprouvée pourrait donc être posée comme fondement ultime et absolu, comme condition d'accomplissement de la vie et comme essence de l'essence. Ce sont là des éléments qui inéluctablement font de la vie un concept ontologique, en tant qu'ils transcendent tout ordre ontique, tout vitalisme et tout réductionnisme. La vie est l'Etre ou du moins, l'Etre est Vie.

IV : DE L'ONTOLOGIE DE LA VIE A LA PRAXIS METHAPHISIQUE

IV.O. Introduction

Les controverses autour de l'opérationnalité d'une ontologie dans sa forme spéculative aboutissent souvent à la conclusion hâtive selon laquelle cette dernière doit, sous peine de perdre son statut scientifique, basculer vers le domaine pratique et participer ainsi à la conception d'une onto-phénoménologie de la vie. Ce n'est pas en vain, du reste, que nous essayons de prendre part à ce débat continuel du rapport entre la théorie et la pratique, débat qui sans doute a contribué à l'élaboration d'une philosophie qui refuse de renvoyer dos à dos la théorie et la pratique, par ce que ces deux pôles constituent les deux ailes dont le philosophe se sert dans sa quête d'une sagesse qui, sans convenance aucune, a tout bénéficié à avoir son ancrage dans l'effectuation et la concrétude de la vie.

Pourtant, mettre l'accent sur l'enracinement de la sagesse théorique dans les pratiques descriptibles, n'est-ce pas indiquer la nécessité d'une réorientation du paradigme philosophique et de l'herméneutique spéculative vers un paradigme descriptif et une *praxis* radicale ? Qu'adviendra-t-il si l'on montrait que la praxis elle-même a son fondement dans la vie transcendantale ? Qu'adviendra-t-il si l'on montrait que la théorie et la *praxis,* c'est-à-dire l'engagement par l'action, ne constituent rien d'autre qu'un dualisme ontologique et insécable, un dualisme insécable entre les phénomènes objectifs et l'être abstrait ? Quant à la phénoménologie dont l'objectivité semble garante, qu'adviendra-t-il d'elle à son tour ? Pourrait-elle reposer plus longtemps sur le fondement objectif si les phénomènes qui forment sa trame ne s'offrent à la perception ? Pourrait-elle reposer sur un fond commun, si les phénomènes ne sont pas considérés comme les reposoirs de l'être ?

A cet égard, il n'est pas du tout nécessaire de prôner le basculement de l'ontologie vers la phénoménologie, moins encore de poser la prééminence de l'une sur l'autre. Pour en saisir les rapports, il semble en cela important de montrer que l'ontologie, si elle donne un fondement aux phénomènes[218], il en demeure qu'elle trouve son achèvement dans une phénoménologie à teneur ontologique. Ce qui en quelque sorte nous achemine vers une interrogation autoréférentielle : quel est le fondement ontologique des phénomènes et quelle est la phénoménalité de l'ontologie. ?

C'est en ces termes que s'énonce laconiquement l'objet de l'étude que nous nous proposons d'entreprendre : une étude orientée vers une « onto-phénoménologie, descriptive ». L'onto-phénoménologie descriptive se veut un effort qui vise à faire passer la conscience intentionnelle, de l'ordre phénoménal à l'ordre transcendantal et inversement. Elle est une volte-face de l'ontologisme et du phénoménisme, parce qu'elle se refuse de succomber à l'*épochè* de l'être. En outre, elle cherche à unifier la connaissance discursive des phénomènes à la pensée spéculative, dans un réalisme intégral, qui n'oblitère pas l'être par ce qui apparaît. Dans le même sens, elle ne tamponne pas les phénomènes, au profit de l'être ou de l'Etre Absolu. Une telle onto-phénoménologie, est, on le verra, une ontologie de la vie dans sa radicalité, mais elle suppose que l'on ait démontré le passage que Michel Henry effectue entre la phénoménologie et l'ontologie, avant de montrer le lieu de leur jonction. Redisons-le, le but de ce chapitre consiste à poser une métaphysique en étroite collaboration avec la phénoménologie. Ou pour le dire simplement : penser une philosophie qui est arrivée à unifier la pensée spéculative et la *praxis* humaine : métaphysique de la vie. C'est le parcours que suivra ce chapitre, parcours qui débutera par le préalable d'une vie ontologique.

IV.1. La vie ontologique : préalable pour une métaphysique de la vie

Le thème de la vie tel que nous l'avons abordé à plusieurs reprises, du moins dans la logique de Miche Henry, est, en effet, apparu pour la première fois en 1963,

---

[218] Le concept phénomène indiquera tout au long de notre étude, la notion de l'apparaître, ce qui se manifeste, ce qui se montre. En ce sens, il rejoint deux faces : tout d'abord la signification que Kant propose dans la *Critique de la raison pure*, comme ce qui s'oppose à l'en soi, mais aussi comme manifestation des choses dans leur essence et leurs réalités (Husserl, Heidegger, Merleau-Ponty, Michel Henry).

dans L'*essence de la manifestation*, ce chef-d'œuvre de la pensée de notre auteur. Pour Tilliette, par exemple c'est dans L'*essence de la manifestation que* nous trouvons en grande partie les articulations onto-phénoménologique d'un Michel Henry que l'on est souvent tenté de confondre avec un Hegel car il « n'appartient pas à aucun mouvement en vogue et ne se rattache à aucune école patentée »[219].

Certes, Michel Henry lui-même situe sa pensée dans la contrée d'une ontologie phénoménologique universelle ou fondamentale.[220] Mais son projet est essentiellement sous-entendu par le souci d'aller plus loin que le projet de Husserl et de Heidegger, « en réitérant le projet fondateur de la phénoménologie »[221], en introduisant le concept de la vie comme être absolu et en allant même jusqu'à penser une onto-théologie de la vie, même si elle est tributaire de la pensée de Eckart, Kant, Fichte, Hölderlin, Novalis, Maine de Biran, pour ne citer que ces principaux, il reste qu'elle se démarque par le rapport qu'il établit entre la Vie et les vivants, un rapport pensé en termes de donation et de fondement originaire. Si, comme tous les autres penseurs, Michel Henry a subi quelque influence que ce soit, il reste cependant que l'originalité de sa pensée pourrait être située au niveau de la quête d'une certaine origine « d'où tout dépend mais qui lui-même ne dépend pas de rien »[222].

Mais, la quête de l'origine, n'est-elle pas déjà présente dans la philosophie depuis la période de miracle grec et bien après avec Descartes, Kant, Heidegger et Husserl, objectera-t-on. Pourtant, la philosophie de Michel Henry, n'est pas uniquement motivée par la quête d'une origine qu'il s'agit *mordicus* de radicaliser. L'*Essence de la manifestation* qui est son chef-d'œuvre répond à une autre logique, non pas en tout cas celle d'une recherche d'un *terminus a quo* radical, car visiblement, « la philosophie de Michel Henry, est une philosophie de l'originaire »[223].

Le concept d'origine, en effet, traduit ici la notion de l'absolu, car il est l'élément qui conditionne tous les autres éléments, sans être conditionné par quoi que ce soit. L'origine dans le langage de Michel Henry signifie aussi le fondement ultime, « l'être comme la réalité universelle et absolue, la détermination universelle »[224] qui fonde l'essence de toute essence comme nous l'avons dit

---

[219] X.TILLIETTE, « *La révélation de l'essence* », p.207.

[220] M. HENRY, *L'essence de la manifestation*, Tome 2, p.486.

[221] *Idem*, p.26.

[222] X.TILLIETTE, *op.cit*.p.207.

[223] M. HENRY, *L'essence de la manifestation*, p.16.

[224] M. HENRY, *op.cit*, p.25.

précédemment. Or, la notion de la vie absolue, celle que nous avons considérée comme une auto-donation et une autorévélation, se rapporte fort considérablement au concept d'origine et en ce sens, nous entrevoyons entre la vie absolue et le concept origine un rapport qui nous amènerait à penser la vie absolue comme l'origine de toute vie, le fondement et la réalité universelle.

Dans le même sens, du point de vue de l'essence, la vie absolue serait alors comme l'essence de toute essence parce qu'elle est en elle-même « essence de Son essence »[225] En même temps, la vie absolue est une réalité originaire et à ce titre, elle ouvre une phénoménologie de l'absolu qui met en œuvre une vie absolue dans son immanence et sa transcendance, « dans sa suffisance et son intériorité radicale. »[226]

La vie considérée dans le sens originaire constitue ainsi l'ultime niveau d'un vivre absolu. Ce vivre absolu qui est au-delà de la passivité du souffrir et du jouir, vient en quelque sorte poser « le vivre de l'être »[227], condition d'accomplissement de l'être dans son immanence et sa transcendance. Voilà pourquoi, le concept de vie, tout comme celui d'affectivité sont chez Michel Henry, des concepts à teneur ontologique et en tant que tel, ils nous placent sur un champ métaphysique.

Ainsi compris dans sa structure interne, c'est-à-dire dans son émergence, l'être est inséparable de l'affection et trouve dans la possibilité ultime de celle-ci, sa propre possibilité radicale et dernière, son essence radicale[228]. Le passage de la phénoménologie de la vie-décrite comme quête de l'essence de l'essence, ou alors de l'essence originaire et auto-révélée que constitue la vie absolue est substituée à l'être absolu, lui-même défini désormais comme le « s'éprouver soi-même ». Par-là l'affectivité chez Michel Henry, dans une telle logique, devient la révélation originaire de l'être même, plus fondamentalement, elle devient l'essence absolue de toute manifestation déterminée, étant entendu qu'elle fonde et détermine l'être lui-même. Mais, « la révélation de l'être absolu n'est pas séparée de lui, n'est rien d'extérieur, rien d'irréel, n'est pas une image de l'être mais réside en lui, dans sa réalité et lui est identique, elle est l'être lui-même »[229].

---

[225] M.HENRY, L'*essence de la manifestation*, p.25.
[226] *Idem*, p.581.
[227] J-C-AKENDA, « Les questions fondamentales de la métaphysique dans une perceptive interculturelle. » p.20.
[228] Idem.
[229] M. HENRY, L'*essence de la manifestation*, p.596.

C'est ici que s'accomplit ce que Sébastien Laoureux appelle le « tournant théologique de la phénoménologie » de Michel Henry, partant du fait que le fondement et la fondation des phénomènes ne sont plus à penser en dehors des phénomènes mais, bien plus dans une certaine immanence radicale. La Vie est une vie absolue, elle est tout aussi l'être absolu qui fonde de l'intérieur tous les phénomènes. C'est la *détranscendatalisation* de la métaphysique qui s'accomplit ici et cela apparaît clairement dans L'*essence de la manifestation* :

> « Que le fondement soit en fait de part en part phénomène, qu'il soit la vérité, et cela en un sens ultime et originaire, c'est ce qui ne pourra pas être compris que lorsqu'une élucidation radicale du concept phénomène aura guidé la phénoménologie jusqu'à l'idée d'une révélation qui ne doit rien à l'œuvre de la transcendance…C'est sur une base nouvelle que s'élèvera la philosophie lorsqu'elle sera capable de circonscrire un phénomène absolument original en ceci que le mode même conformément auquel il se révèle est irréductible au comment », de la manifestation des phénomènes transcendants…Une révélation immanente est une expérience interne, elle revêt nécessairement une forme monadique. C'est dans la structure eidétique de la vérité originaire que s'enracine l'ipséité de l'ego. »[230]

Pour le dire simplement, l'être absolu tout comme la vie absolue est auto-donation et autorévélation. Et tout le but de l'*Essence de la manifestation* est de dégager la vie auto-révélée comme fondement immanent et absolu à toute ipséité, au sens d'un fondement ontologique. Il vise aussi à atteindre la « Déité comme la désignation du moi absolu »[231]. Du concept de la vie absolu, nous passons ainsi à la phénoménologie de l'absolu, mieux à une phénoménologie et une métaphysique de la vie immanente et transcendante.

Rappelons-le, la conception de la vie comme être absolu, nous ouvre à une ontologie de la vie, comme *status quaestionis* de ce point. Mais, considérer l'ontologie de la vie comme idée directrice de la pensée de Michel Henry, ce n'est pas, à notre sens, réaffirmer que la phénoménologie n'est en dernière analyse qu'une apparence réductible du réel à son processus d'apparition phénoménale. Bien au contraire, elle est la « méthode d'accès au fondement même de cette essence du phénomène »[232]. Or, viser l'essence comme fondement des phénomènes, c'est poser

---

[230] M. HENRY, L'*essence de la manifestation*, pp.51-53.
[231] S. LAOUREUX, *op.cit*, p.64.
[232] M. HENRY, L'*essence de la manifestation*, p.64.

l'essence comme l'être des phénomènes et en ce sens, l'ontologie de la vie apparait sous forme d'une science de l'être comme manifestation, ou alors une étude du fondement comme manifestation *sui generis* de l'être, c'est-à-dire comme essence de toute manifestation possible, de telle sorte que l'essence de l'être, n'est autre chose que « manifestation immanente de soi à soi »[233], mieux comme manifestation d'une vie qui est l'être.

Voilà pourquoi, la pensée de Michel Henry se réclame être une phénoménologie qui a pour but de rendre manifeste l'être en tant que manifestation, ce qui, immanquablement conduit à penser la fusion de l'ontologie de la vie et de la phénoménologie de la vie dans un projet philosophique invincible, « celui de l'essence de l'être comme manifestation et comme essence de toute manifestation »[234]. Ce qui fait de l'onto-phénoménologie de la vie de Michel Henry, une ontologie qui quête la vie comme fondement, plus encore une ontologie de la vie.

La phénoménologie de la vie devenue une ontologie de la vie ne cherche plus à mettre entre parenthèse la question de l'être, moins encore la question de la conscience. Ce qu'elle vise, chez Michel Henry, c'est de combler le vide métaphysique laissé avant par les phénoménologues contemporains, en pensant le fondement de toute manifestation dans une manifestation irréductible : l'automanifestation comme manifestation de la manifestation, ce que nous avons appelé la vie dans son être. Découvrir la vie comme essence première, c'est poser la vie comme être. On remarque alors que, ce qui nous préoccupe dans la considération de ce point, c'est de sauver la question du fondement qui, dans l'entreprise phénoménologique s'oblitère au profit de la phénoménalité omniprésente, comme une vie cachée mais pourtant toute puissante.

Penser l'ontologie de la vie, c'est en même temps sauver la métaphysique de l'enfermement dans les circonvolutions inopérantes, pour la situer sur le champ de l'expérience de la vie telle qu'elle est éprouvée. Plus radicalement, penser une ontologie de la vie suppose une réorientation de l'objet de l'ontologie. Son objet n'est plus en cela l'être premier en tant que fondement du fondement de tout ce qui est, mais plutôt la vie en tant que fondement du fondement de tout ce qui se manifeste, de tout ce qui se dévoile. L'ontologie ne peut non plus être réduite à une

---

[233] *Idem*, p.69.
[234] M. HENRY, *Phénoménologie de la vie*, p.50.

pensée qui vise à aller au-delà de la manifestation empirique. Elle n'est plus une métaphysique demeurée une pensée méta-empirique.

En revanche, elle suppose désormais un lieu d'ancrage qui n'est rien d'autre que la vie dans ses multiples épiphanies, une vie dont la *praxis* cependant, garde toujours une dimension transcendantale. Un tel examen ne va pas cependant sans une remise en question du concept métaphysique, dans sa connotation traditionnelle, ainsi que la réorientation de son objet et la redéfinition du rapport qu'elle est conviée à entretenir avec la *Lebenspraxis*. Pour autant que le rapport entre l'ontologie (entendu comme quête du fondement premier et la vie (considérée comme essence premier) soit bien défini, alors nous pouvons penser la vie en son fondement absolu, comme un être absolu. Et par là, fonder une métaphysique de la vie immanente et transcendante.

IV.2.Pour une métaphysique de la vie immanente et transcendante

Commençons par préciser que la transcendance immanente que Michel Henry cherche à circonscrire ne doit aucunement être comprise comme un panthéisme, d'autant plus que ce panthéisme est d'ailleurs réfuté dans L'*incarnation*[235], par ce qu'il appelle « l'effectivité phénoménologique de l'Archi-fondement ». C'est dire que la transcendance, tout en étant immanente à toute vie qui est un soi individuel, une vie qui transcende tous les autres soi, garde en lui-même son fondement. La Vie absolu est fondement pour elle-même, elle est un mode de vie pour elle-même, elle « se élève dans son immanence radicale »[236].

Avec les mots propres de Michel Henry, on peut noter que « l'immanence de la vie ne signifie donc pas la dissolution de la réalité de ce dernier, en même temps que celle de son individualité. De la sorte, un Soi appartient à tout vivant, tout vivant s'édifie à la manière d'un individu »[237] . La question qui se pose dès lors est de savoir : si donc chaque Soi est une individualité irréductible, comment penser un fond commun à tous les Sois, autrement dit comment penser un fondement commun qui unifie toutes les individualités ? C'est là que la métaphysique, en tant que quête d'un fondement transcendantal et à la fois immanent, vient remettre en cause ce

---

[235] M.HENRY, *L'incarnation, une philosophie de la chair*, p.127.
[236] M. HENRY, « La vie se révèle dans l'immanence radicale de son pur pathos », *in Magazine littéraire*, 403, 2001.
[237] M. HENRY, *Incarnation, pour une philosophie de la chair*, Paris, Seuil, 200. p.259.

principe d'individualité, en lui donnant un fondement radical qui transcende l'individualité. Mais, qu'est-ce que Michel Henry entend par la métaphysique ?

Pour entamer le point sur la métaphysique dans la pensée de Michel Henry, il nous semble nécessaire, voire incontournable de partir de la figure de la métaphysique telle qu'elle se donne à lire dans les premières lignes de l'*Essence de la manifestation*. Qu'est-ce que la métaphysique dans le langage du penseur de la phénoménologie de la vie ? Quel rapport la phénoménologie de la vie entretient-elle avec la métaphysique ?

A ce sujet, et « bien que les occurrences du terme métaphysique sont peu nombreuses »[238], la pensée de Michel Henry, semble avoir intégrer la métaphysique dans la phénoménologie. Il suffit de considérer la définition à la fois simple et équivoque qu'il donne au concept métaphysique pour se rendre à l'évidence. Une pensée ou une philosophie est métaphysique, note-t-il, « lorsqu'elle outrepasse les phénomènes »[239]. Il ajoute dans le même sens qu'une philosophie « classique » qui n'arrive pas à déployer une véritable phénoménologie du fondement est métaphysique. Il faut en cela comprendre la méfiance de Michel Henry en face de la métaphysique, sans doute parce que selon lui, cette dernière essaie d'outrepasser les phénomènes et n'arrive pas du coup à établir l'essence qui unit les phénomènes au fondement. Or, dans la considération de la vie comme essence originaire et absolue, mais en même temps comme manifestation, une nouvelle conception de la métaphysique se donne ainsi à jour : La vie, parce qu'elle nous a été décrite comme le milieu ontologique où s'accompli l'unité de tous les phénomènes, est un milieu « coextensif où la métaphysique se révèle et parvient originairement dans l'affectivité »[240]. Un lien apparaît ainsi entre la métaphysique et la vie, lien qui se manifeste d'un bout à l'autre de la pensée[241] de Michel Henry.

La vie, telle que nous venons de la décrire, peut aussi s'appliquer au concept d'immanence[242] et de la transcendance[243], application qui trouve sa justification

---

[238] S. LAOUREUX, *L'immanence à la limite, recherche sur la phénoménologie de Michel Henry*, p. 181.

[239] M. HENRY, *Essence de la manifestation*, p.297.

[240] S. LAOUREUX, *op.cit*, p. 182.

[241] Le concept de métaphysique n'est pas très clairement défini dans la pensée de Michel Henry, mais on peut le discerner dans la notion du Soi singulier dans la vie (C'est moi la vérité), ou dans *L'Incarnation*, une philosophie de la chair, avec la distinction qu'il opère entre la phénoménologie et la métaphysique.

[242] M.HENRY, *Essence de la manifestation*, p.297.

[243] *Idem.*

dans *essence de la manifestation* qui ne vise pas à exclure la transcendance hors des structures internes de l'essence. C'est, selon Michel Henry, l'essence qui reçoit la « possibilité ontologique de la transcendance »[244] et, à ce titre, le concept d'immanence est alors saisi comme l'essence de la transcendance, que l'on peut alors dépasser le monisme ontologique[245], qui, comme nous l'avons dit implicitement, réduit la réceptivité des phénomènes à un horizon déterminé d'espace et de temps. Que dans le monisme l'horizon puisse être le mode de réceptivité pour la transcendance, quand est reconnue la subordination de la réalité à l'essence du pouvoir qui la reçoit, cela ne peut être contesté. Mais, la « réalité ontologique de la transcendance »[246] n'est plus par-là définie en son essence par l'extériorité. C'est en ce sens que la révélation de la transcendance doit désormais être comprise comme une révélation immanente et elle n'a plus pure représentation, au sens kantien.

Une telle interprétation nous conduit à fonder la possibilité interne du rapport transcendantal de l'être-au-monde, de « l'acte de se rapporter à » comme « acte de s'apporter à soi-même », rapport qui rend possible la transcendance, dans une dynamique de l'autorévélation. En réalité, dans une telle dynamique, la révélation, étant comprise comme une autorévélation à soi de manière originaire, l'immanence est alors comprise comme acte de se « rapporter à soi, sans sortir de soi », alors que la transcendance est saisie comme un dépassement qui ne se manifeste jamais dans le monde, un dépassement qui, en quelque sorte, se dépasse. Elle est un dépassement qui ne se dépasse pas soi-même, c'est-à-dire qu'elle est quelque chose au-delà de qui il n'y a rien d'autre qu'elle. On comprend alors pourquoi, le rapport transcendance-immanence est un rapport de fondation, car la transcendance n'est ni l'étant ni le monde, il est au-delà du monde. Cependant, la transcendance même si elle est pensée comme la conscience du monde, elle reste cependant une conscience dans un monde précis. Précisons toutefois, l'immanence dans la pensée de Michel Henry est opposée au monde, il n'est pas réductible :

« La plupart du temps quand Michel Henry parle de l'immanence, il oppose radicalement au monde. Il expulse le monde inexorablement de la sphère de l'immanence et déclare que celle-ci est proprement sans monde. Le monde est visible, tandis que l'immanence est invisible. Mais, ce qui est réel c'est l'immanence. Le monde a beau être réel, mais c'est l'immanence qui le fonde et le fait participer à sa réalité. L'acte

---

[244] M. HENRY, *Essence de la manifestation*, p.329.
[245] *Idem*.p.330
[246] *Idem*

de la transcendance, en le projetant devant pour le recevoir, l'horizon pur de l'être qui n'est autre que la mondanité ou phénoménalité du monde. Cet acte extatique déploie l'horizon ontologique lumineux de l'être dans lequel toutes les choses mondaines baignent pour apparaître comme visible. C'est l'acte de la transcendance qui assure au monde sa phénoménalité, dans la mesure où l'apparaître se confond avec l'être pour le phénoménologue authentique. »[247]

Mais, on pourrait se demander s'il en est-il ainsi de la manifestation de l'être ainsi que de l'acte de la transcendance en lui-même. A vrai dire, l'appartenance de la transcendance au monde ne relève pas de l'imagination et ne peut en aucun cas, être une appartenance à la conscience de l'imagination, au risque de demeurer dans l'imagination de la représentation et dans les illusions ontologiques. Chez Michel Henry, la transcendance qui n'est pas la conscience du monde doit être située dans la position originaire de l'auto-affliction elle aussi originaire. En ce sens, la conscience de l'imagination n'est effective que sur le fond en elle d'une conscience à laquelle le monde n'appartient pas.

On le voit, une telle approche semble avoir répondu à la question de Husserl concernant la possibilité d'une conscience sans monde : celle-ci, c'est-à-dire, la transcendance immanente qui dépasse le monde en se dépassant elle-même, constitue l'essence de la conscience comme telle. En outre, une telle immanence transcendantale, conduit sans aucun doute à penser la sphère de l'existence humaine, comme une sphère attachée, fondée par une transcendance, qui en tout cas, n'appartient pas à la conscience du monde, parce qu'elle est la transcendance elle-même. La transcendance à cet effet, transcende tout être en général[248], elle englobe et transcende l'horizon phénoménologique universel, raison pour laquelle elle est constitutive de l'être absolu qui est en même temps la vie absolue. Ainsi donc, la transcendance dont parle Michel Henry, n'est pas dans le monde. En revanche, elle est le mouvement qui se tient toujours en deçà du monde : bien qu'il se rapporte à celui-ci, elle est vie absolue, dans la mesure où elle actualise ce mouvement[249] et fait de lui la réalité même du monde.

Néanmoins, la vie comme réalité immanente du monde, n'a rien avoir avec une quelconque objectivation. Elle est plus une réalité qui rend possible la phénoménalité du monde et l'écarte d'une pure imagination transcendantale, elle est

---

[247] A. DAVID, *Michel Henry, L'épreuve de la vie*, p.130
[248] M. HENRY, *Essence de la manifestation*, Tome2, p.14
[249] *Idem*

une manifestation qui rend possible la phénoménalité du monde. C'est pourquoi, l'identité de l'immanence et de la transcendance dans la conception de la vie absolue, nous conduit nécessairement à saisir le concept d'unité et même sa structure interne qui assure la cohérence entre l'essence et la réalité pure que nous dévoile le monde. Du coup, le monde n'est plus un simple horizon, comme le prétend le monisme ontologique de Heidegger, mais bien plus, un corps immanent qui a une « signification ontologique essentielle »[250]. On l'a dit, l'immanence ayant été comprise comme l'ultime fondement de toute manifestation possible doit être étudié en elle-même, comme autorévélation, comme essence absolue et comme manifestation.

Ce qu'il faut entendre par le caractère immanent de l'essence, ce n'est pas la signification traditionnelle ni la simple immanence de l'essence à ses modes, mais bien au contraire, ce qui détermine la structure interne de l'immanence elle-même[251] : la possibilité intime de l'être. L'être qui est vie immanente, en effet, ne se donne pas comme un médiat, son unité interne n'a pas besoin d'une quelconque représentation, ni d'une objectivation. Cependant, il se donne à lui-même, comme un invisible, comme un non-visage de l'essence, car être affecté par soi, c'est s'apparaître à soi-même, « être la possibilité du soi »

Dans cette logique, la métaphysique immanente et transcendantale est donc celle qui, tout en étant une pensée de l'immanence et de la transcendance, prend en quelque sorte en charge la concrétude de la vie, ce qui donne à penser une *praxis,* ou alors une *praxis métaphysique.* Pour nous introduire à cet itinéraire et pour nous mettre en disposition de laisser advenir une métaphysique de la *praxis,* en quête de « l'être pour autrui »[252], il nous faut penser un être ouvert et en relation avec la multiplicité des étants. Penser cet être, c'est à proprement parler poser une métaphysique ouverte à la réalité sous forme d'une altérité, selon le langage *levinassien.*

Pour ce faire, nous choisirons de définir à nouveau frais le concept métaphysique et de réorienter son objet vers une *praxis* transcendantale. Ce choix va devoir poser un principe de base selon lequel, la métaphysique et la *praxis,* sans être des réalités séparées et séparables, sont à la recherche l'une de l'autre, à telle enseigne qu'il appartient essentiellement à la raison humaine d'effectuer une telle

---

[250] *Idem*

[251] *Idem*, p.578.

[252] « Poser la métaphysique comme désir, c'est interpréter la production de l'être-comme bonté et comme au-delà du bonheur, c'est interpréter la production de l'être, comme être pour autrui » (E. LEVINAS, *Totalité et infini,* p. 114).

quête, allant des pures phénomènes, pour en saisir les essences, de vouloir sauver, dans les conditions limites de ses possibilités, tous les épiphénomènes de la vie que peuvent bien receler les réalités visibles, en leur donnant ainsi toute leur intelligibilité.

Mais une question se posera préalablement : celle qui interroge la consistance ontologique de la *praxis,* à titre du rapport entre la réalité visible et l'être. La redéfinition et la réorientation de la démarche métaphysique à laquelle nous voulons nous attacher vise à démontrer que la réalité visible, est non seulement une étude de ce qui apparait, mais se déploie tout autant comme une *praxis* générique de toute activité humaine, comme une approche ontologique de la vie humaine dans ses multiples manifestations, mais aussi dans le rapport qu'elle entretient avec l'être premier[253]. Au cours de cette réorientation, le concept métaphysique apparaîtra en étroite collaboration avec celui de l'ontologie, du moins selon les définitions classiques, même s'il faut préciser que l'ontologie est liée à la question du fondement. La métaphysique, on a souvent entendu dire, se veut en tout une démarche philosophique qui vise à aller au-delà des phénomènes, dans le but d'en saisir le fondement. Tout en étant « une étude du savoir empirique, elle vise à aller au-delà du savoir empirique qu'elle juge incertain »[254]. Dans la suite de notre élaboration, quelques nuances seront mises à jour et nous permettront de saisir les marges qui séparent la phénoménologie de la métaphysique, avant d'en établir le lien de jonction.

IV.3. Pour une redéfinition de la métaphysique

La question qui se rapporte à l'origine de ce qui est, est une question métaphysique, parce que justement, elle commence et recommence dans l'étonnement qui conduit l'*anthropos,* à l'éveil d'une pensée qui fait surgir parfois l'inattendu, l'identique, le semblable, l'habituel, l'original, l'originel toujours dans une dynamique qui réitère continuellement le mouvement de construction, de déconstruction et de reconstruction. Puisque la question de l'origine de ce qui est, est une question métaphysique, il faut donc partir du fait que tout essai de compréhension de cette origine originaire se doit de partir d'un présupposé selon lequel l'homme est un animal métaphysique, en quête du principe immatériel et

---

[253] Soulignons ici, sans anticiper que, la métaphysique est plus souvent identifiée à une philosophie première parce qu'elle s'intéresse à l'être premier, ce qui est au fondement de tout fondement (Aristote, Heidegger).

[254] M. MEYER, *Pour une histoire de l'ontologie,* Paris, Paris PUF, 1999, p. 146.

irréductible. Il est soucieux, par abstraction, de purifier cette quête d'une assimilation quasi-phénoméniste. D'où l'extrême nécessité de considérer comme préalable, l'analyse métaphysique, la mise en lumière de ses deux racines : *méta* et *physis* : au-delà de la *physis*. L'éclatement sémantique du concept *physis* peut nous introduire plus en profondeur dans l'analyse de ses multiples significations en ouvrant ainsi la voie vers sa ré-conceptualisation classique.

Commençons par dire ce que la métaphysique n'est pas : elle n'est pas, une manière obscure de penser réservée à un cercle restreint des philosophes qui essayent de se distinguer dans l'art d'une *cogitatio,* assaisonnée d'un verbalisme et d'une rhétorique, par un jeu des mots que seuls les initiés peuvent comprendre. En outre, la métaphysique n'est pas cette tentation d'aller à contre-courant des sciences expérimentales et des phénomènes de la nature, pour penser l'irréel ou l'au-delà du réel, pour penser la supra-physique. Ces deux approches ne pourront pas faire objet de la métaphysique, du moins dans la logique qui est la nôtre. Car cette forme étriquée de la métaphysique, semble oublier la dimension réflexive et critique que la métaphysique, si elle veut être une science descriptive, se doit d'intégrer dans sa démarche.

Et pourtant, il nous faut reconnaître que le souci de circonscrire la métaphysique dans un champ définitionnel ne réduit cependant pas sa définition qui garde elle un caractère polysémique. Nous comptons nous y arrêter longuement, en sectionnant notre analyse en quatre principales thèses telle que développées par Paul Gilbert dans son cours de métaphysique[255]. En effet, Paul Gilbert, en référence aux définitions du dictionnaire de la langue philosophique[256], tout comme aux sémantiques proposées par le dictionnaire de Foulquié et Saint Jean, repose le concept de métaphysique sur une définition quadripartite.

Primo, la métaphysique serait pour certains penseurs, dont Aristote[257], la science de l'être en tant qu'être, faisant ainsi penser à l'ontologie. Une telle définition on en conviendra, est sous-tendue par la théorie des quatre causes aristotéliciennes, dans un mouvement d'abstraction qui va de la pure sensibilité, c'est-à-dire des causes matérielles, jusqu'aux causes immatérielle, jusqu'aux causes

---

[255] P. GILBERT, *Métaphysique,* Institut de philosophie Saint Pierre Canisius, inédit.
[256] P. FOULQUIE et R. SAINT-JEAN, *Dictionnaire de la langue philosophique,* p. 439-440.
[257] Cette définition figure dans la métaphysique d'Aristote (1003 b 22). Selon Paul Gilbert, « Dans la mesure où elle est valable, cette définition englobe toute les autres définitions en insérant dans son objet, tous les autres objets... Pour Aristote, la métaphysique concerne tous les étants, en les envisageant de ce seul point de vue de leur être, du fait qu'ils sont » (Cfr. P. GILBERT, *Métaphysique*, p.2)

suprasensibles, entendons par là le moteur immobile qui est un principe interne en toute matière, en tant qu'il imprime un mouvement interne et externe dans la matière. Cette définition, que nous jugeons inadéquate peut laisser déjà s'exprimer le rapport dialectique entre la métaphysique et la *praxis*, un rapport fondé sur le souci d'aller au-delà du sensible, de penser l'être en tant qu'être sous les modalités suprasensibles. En outre, de cette définition se dégage une mécompréhension de la métaphysique, car elle est posée comme un effort de dépassement transcendantal de l'empirisme. Un tel effort d'abstraction et de dépassement nous situe dès lors dans la perspective rationnelle, celle qui apparaît dans la deuxième définition.

Secundo : la métaphysique aurait quelque chose à avoir avec cette partie de la philosophie qui cherche l'explication rationnelle du réel en se basant sur l'expérience, mais toujours dans un effort de dépassement, afin d'aboutir aux réalités transcendantes[258]. Il importe de considérer ici le mouvement de la dialectique ascendant que Platon propose dans sa *théorie des idées*, en y découvrant déjà l'élément d'une métaphysique comprise comme élévation de l'âme vers les idées éternelles, les idées du Beau, du Vrai et du Bon qui sont en soi, des concepts intelligibles. A une telle approche, on peut opposer la dialectique descendante, celle qui se rapporte dès lors au domaine de la sensibilité.

De part et d'autre et en considérant les deux mouvements dialectiques[259], il est possible de découvrir dans cette définition de la métaphysique, l'effort essentiellement dialectique, l'effort qui consiste à opérer une réflexion seconde sur le réel, sur l'expérience, dans une ouverture méta-empirique qui a pour ambition de prendre en compte la totalité du réel. Toutefois, la tentation de penser la métaphysique comme une réflexion sur la totalité du réel est souvent remise en question par certains auteurs comme par exemple Delbosqui qui distingue la métaphysique de l'existence et celle de l'essence.

> « L'idée de la métaphysique traditionnelle qui est de développer le contenu total du réel et de la pensée me parait juste, comme idée. Mais je pense avec toi, que les métaphysiques particulières qui se constituent sous cette idée, doivent reconnaître la relativité de leur effort et de leur résultat... Je serai assez disposé à accepter la distinction qu'introduisit schelling entre la philosophie de l'essence (idéaliste, immanente,

---

[258] P.GILBERT, *Métaphysique*, p.2.

[259] Méthode socratique utilisée par Platon, Hegel, etc. Elle est essentiellement composée d'une thèse, d'une antithèse et d'une synthèse qui pour Hegel est dynamique.

métaphysique) et la philosophie de l'existence (réaliste, transcendante, historique). »[260]

Il est important que nous nous arrêtions un instant sur cette distinction qui fait référence à la pensée de Schelling[261], pour souligner que la métaphysique comprise comme philosophie de l'essence est l'œuvre de la réflexion et du coup, lorsqu'elle est simplement une philosophie de l'existence, elle est en quelque sorte une constatation de l'expérience, juxtaposant par le fait même, l'expérience à la dialectique. Même si cette juxtaposition doit être envisagée avec réserve, pour autant que la philosophie de l'existence que pense Schelling, tout comme celle de l'essence se compénètrent, sans se confondre, ni s'annuler, il nous faut par ailleurs admettre que la dialectique ne peut prétendre se superposer à l'expérience empirique. Cette distinction, on en conviendra, est aussi inadéquate, parce qu'elle établit un *hiatus* entre l'existence concrète et la métaphysique, à telle enseigne que la métaphysique est en ce sens comprise comme un au-delà de l'expérience de la vie humaine qu'elle soit empirique, historique, existentielle, etc. Cependant, il reste à rechercher le point de jonction entre l'effort métaphysique et la *praxis* proprement dite, ce qui nous amène conjointement à considérer la troisième définition.

Tertio : une autre définition qui pose la métaphysique comme cette partie de la philosophie qui détermine les conditions *a priori* de la connaissance, si par *a apriori* nous entendons la préséance sur l'expérience sensible. Cette définition se rapporte fort considérablement à la perspective de Claude Bruaire[262] pour qui justement, l'entreprise métaphysique sans être une contestation des sciences positives, n'a pas pour but de dénigrer le savoir scientifique, mais de stimuler une réflexion rigoureuse sur la réalité *méta-empirique*. Corrélativement, les sciences ne sont pas envisagées en termes d'opposition en face de l'entreprise métaphysique, comme le souligne si bien Schlesinger[263] : « Les problèmes métaphysique sont les problèmes auxquels les hommes de sciences ne s'attachent pas, les laissant aux investigations des philosophes ».

A cet égard, la métaphysique se doit de prendre une distance critique en face de ce qui relève du réalisme naïf. Elle doit en quelque sorte revêtir le statut d'un

---

[260] Réponse de DELBOS à la lettre de Blondel, Lettre inédite, 29 septembre 1894, Archive Blondel, B-9890 9891 ; Publié » dans les lettres philosophiques, Aubier, Paris, 1961, pp.61-64. Dans cette lettre, DELBOS semble réagir au compte rendu de l'Action rédigée pour la revue philosophique qui traitait la question de la métaphysique à « la seconde puissance»
[261] *Idem.*
[262] C. BUAIRE, *Pour la Métaphysique,* Paris, Fayard, 1980.
[263] G.N. SCHELING, M*etaphysis,* p.1.

savoir du savoir scientifique, ce qui justifie son caractère *a priori* et sa primauté sur les autres sciences dont elle cherche à déterminer les conditions *a priori* de connaissance. La primauté de la métaphysique sur les autres sciences n'est pas simplement d'ordre épistémologique. Elle est surtout de l'ordre de la transcendance, de l'au-delà et cela nous amène inéluctablement à penser la métaphysique comme une science des principes transcendantaux, une science qui se rapporte aux idées régulatrices selon le langage kantien.

La prétention de totalisation des phénomènes, qui est ici mis en exergue, nous conduit dès lors à souligner, une fois de plus, la prétention englobant de la métaphysique par rapport à d'autres sciences. On en vient ainsi à une interrogation inévitable : comment rendre compte de l'idée selon laquelle la métaphysique est une science absolument transcendantale, totalisante et intégrative ?

La question de la possibilité, du souhait, et de la nécessité d'une métaphysique comprise comme transcendance, comme réflexion dialectique sur le réel et comme *a priori* de toute recherche des conditions fondamentales de l'expérience sensible, a conduit Paul Gilbert à examiner la quatrième définition de la métaphysique, pour voir dans quelle mesure, elle peut être pensée non pas dans un au-delà informel, mais dans un réalisme qui prend en compte le monde dans sa facticité et essaie d'en rechercher le sens, introduisant par là le point de vue anthropologique. Voyons comment se formule cette définition qui est pour nous la dernière, avant d'envisager une autre grille de recherche.

Quarto : en dernière analyse, la métaphysique serait comprise comme une recherche du sens du réel dans sa totalité, plus principalement du point de vue de l'homme. L'élément essentiel qui apparaît ici comme d'ailleurs une nouveauté voudrait que la métaphysique soit une approche de la totalité du réel, sans faire abstraction de celui qui entreprend la recherche, moins encore de la réalité empirique, à laquelle se rapporte la réflexion métaphysique. Il s'agit, d'un bout à l'autre de l'entreprise métaphysique, de ne pas mettre hors-circuit l'homme qui enquête sur le sens du réel, de même que le réel en lui-même. Du coup et c'est ainsi que Paul Gilbert conclut cette première recherche de définition :

> « La quatrième définition donc, livre une définition de la métaphysique qui s'articule déjà en divers strates selon une manière que l'on dira réflexive. Tout se passe comme si le contenu des deux définitions précédentes était assumé et intégré dans la quatrième, qui concerne à la

fois la totalité des étants objectifs et l'étant subjectif que pose la question métaphysique »[264].

Ce bref examen nous aura démontré la pertinence de bien clarifier le concept de métaphysique, dans sa signification ancienne, avant d'envisager une définition plus actuelle.

Les sources récentes, en effet, essaient dans la mesure du possible, de mettre à jour les vieilles conceptions de la métaphysique. En évoquant le champ contemporain, une double alternative se donne à lire : d'une part, celle qui pense la métaphysique comme « fondement des sciences de la nature », et d'autre part, la tâche « de libérer l'esprit de l'immanence et de l'ouvrir à l'espace de la transcendance»[265].

Cette dernière acception de la métaphysique rejoint le point de vue de Michel Henry, et en fait une philosophie qui chemine vers la connaissance de ce qui est interne aux choses et aux êtres, c'est-à-dire vers la connaissance de la nature profonde des étants. En vertu d'un tel principe, on saisit mieux pourquoi la métaphysique de Kant a donné un ton aux investigations françaises de la période contemporaine. Entre autres citons J. Juszezak qui pense que la démarche métaphysique n'a pas à se confondre ni à être réduite au dogmatisme[266] des faits, bien au contraire elle doit aller au-delà de ce faits, en rechercher l'idéal par quoi ils se constituent, dans un effort d'imagination transcendantale[267], pour être une réflexion rigoureuse sur les étants.

Quant à nous qui sommes contemporains et lecteurs de Michel Henry, la métaphysique à laquelle se rapporte notre étude pourrait être celle qui se réfère au sens que Heidegger[268] donne à l'imagination transcendantale, car elle est une réflexion qui, sans vouloir aller au-delà des étants, cherche à les transcender par une déduction éclairée par la raison pure.

En effet, c'est de cette imagination pure que doit être pensée l'ordination nécessaire de l'intuition pure à l'entendement, et il est important qu'une telle

---

[264] P, GILBERT, *Métaphysique*, p. 3.

[265] P, GILBERT, *Métaphysique*, p. 4.

[266] J. JUSZEZAK, *Eloge de la métaphysique*, Paris, Sedes, 1985, p. 9.

[267] L'Imagination transcendantale se distingue ici de la simple croyance, elle est envisagée en terme kantien- l'imagination transcendantale est le lieu de la synthèse par la déduction transcendantale.

[268] M. HEIDEGGER, in *Kant et le problème de la métaphysique*.

imagination s'oppose à une perception arbitraire de l'étant, puisqu'elle est en quelque sorte pure et se rapporte à une représentation qui, elle-même, est *a priori*. Du coup la *synthèse a priori* que veut réaliser la métaphysique émerge d'une imagination pure et d'une représentation elle-même aussi *a priori,* c'est-à-dire en tant qu'anticipation d'une unité préalable qui n'est pas arbitraire. Toutefois, Heidegger ajoute un autre élément : l'aperception pure[269] soutenue par une orientation pure vers l'objet.

De l'aperception transcendantale à l'imagination pure et de l'imagination pure à l'intuition pure, tel est l'aboutissement de la seconde voie qui vise la synthèse de la pensée pure et de l'intuition, en partant de l'entendement. Tel est aussi l'aboutissement de la déduction transcendantale dans son effort d'opérer la synthèse *a priori,* de l'objectivation pure et par là, la rencontre de l'horizon de l'objectivité pure. Ainsi, pour que la métaphysique soit une connaissance pure, selon Heidegger, elle doit ouvrir pour l'être fini et pour l'entendement fini, un espace dans lequel il peut dès lors penser le rapport de l'être et de l'étant et c'est la raison pour laquelle, cette connaissance est justement ontologique. La limite de l'entendement à déceler dans le criticisme de Kant, n'est plus en ce sens une limite au sens d'une privation. Elle est devenue le manifeste même de son essence. La question qui se pose à ce niveau est celle de savoir ce qu'est la critique déductive[270].

Il est vrai que, pour Kant, la critique déductive est porteuse d'énormes difficultés auxquelles il cherche « à porter remède à son obscurité »[271]. La déduction selon Heidegger revêt, cependant, un autre sens, celui d'une recherche de l'adéquation entre le concept qui relève de l'entendement et les faits qui dépendent de l'expérience. Ainsi s'impose la tâche d'examiner, non seulement la validité des catégories, mais aussi la prise au sérieux de leur union avec l'objet en général, c'est-à-dire de tendre vers une déduction au sens de la transcendance. Le problème à reprendre ici est, nous le savons, celui d'une métaphysique transcendantale, partant

---

[269] J. JUSZEZAK, *Eloge de la métaphysique,* p.9.

[270] Que représente la déduction transcendante à ce niveau de notre analyse ? A Cette question on peut trouver chez Heidegger d'abord et puis chez Kant, deux réponses d'une égale importance. Chez Kant, l'acte critique est comparable soit à une action judicaire soit à une analyse de jugement synthétique a priori. Il se repère donc dans la critique kantienne un projet qui ressemble à un procès et l'on comprend pourquoi Kant parle du tribunal suprême de la raison établissant par là un parallélisme entre la déduction au sens juridique et la déduction des catégories. Martin Heidegger par ailleurs, en découvrant dans ce juridisme une tout autre signification, utilisera les mêmes attributs juridiques, mais sous le mode d'une métaphysique qui est liée à une imagination transcendantale. En ce sens, elle n'est pas toujours susceptible de s'appliquer à la démarche du juriste qui, établit l'existence d'un droit même si les faits ne peuvent justifier le droit.

[271] M. HEIDEGGER, *Kant et le problème de la métaphysique,* p.128.

d'une déduction transcendantale qui cherche à lier les objets aux fins les plus hautes de l'homme, celle de la métaphysique *generalis*[272].

Que devient alors la réalité objective des catégories et comment comprendre l'explication analytique de leur essence ? Pour comprendre le problème de la réalité objective des catégories, en rapport avec la rencontre avec l'être fini, il nous faut d'abord dire que ce qui est à vrai dire considéré comme réalité dans la perspective kantienne, est à juste titre, autre chose que la facticité, autre chose que la simple *physis*.

Le schématisme de Kant fait plutôt appel à une autre notion pour désigner la réalité : celle de la « choséité » qui, selon Heidegger touche le contenu « *quidditatif de l'étant,* que circonscrit *l'essentia* »[273] Que signifie ici cette adéquation entre le concept et la réalité *quidditatif* que recherche Kant ? Pourquoi s'intéresse-t-il à ce rapport ? C'est à vrai dire la recherche de la détermination entre le concept pure et l'objet qui s'*objet-te* et cet objet représente pour Heidegger, l'étant[274]en tant qu'objet.

Le passage de la détermination ontique à la connaissance ontologique devient manifeste, lorsque la réalité objective est ici interprétée « à partir de l'essence de la synthèse pure de l'imagination transcendantale[275], laquelle forme l'unité essentielle de la connaissance ontologique »[276]. Pour qu'une telle synthèse soit dorénavant possible, il faut supposer deux préalables : premièrement, s'en tenir exclusivement à la notion de validité objective, deuxièmement, considérer la déduction transcendantale comme une question juridique en la distinguant d'une simple validité d'un raisonnement logique.

Pourquoi nous faut-il plus mettre l'accent sur la *quaestio juris* et pas sur la validité logique ? C'est parce que selon l'analytique heideggérienne, « cette *quaestio juris* ne fait que formuler la nécessité d'une analytique de la transcendance, c'est-à-

---

[272] C'est la question de la possibilité de la *metaphysica generalis* (ontologie) qui découle, pour Kant, de la question de la possibilité de la *metaphysica spicialis traditionnelle*, par l'entremise des catégories pures qui sont des « déterminations de l'objet en tant que celui-ci est rencontré par un être fini».

[273] P. GILBERT, M*étaphysique* p.145.

[274] Heidegger récupère de la sorte le concept kantien d'objet pour penser l'étant. Mais il se situe encore au niveau de la connaissance ontique.

[275] L'imagination transcendantale devient du coup une troisième faculté fondamentale à côté de la sensibilité et de l'entendement et devient la faculté dont dérivent les deux autres, c'est-à-dire leur racine.

[276] P. GILBERT, *Op.cit*, p.145.

dire d'une phénoménologie de la subjectivité pure du sujet, et encore du sujet en tant qu'il est fini »[277].

Mais la déduction transcendantale ainsi érigée en étape de discussion pour l'instauration du fondement de la métaphysique garde cependant une limite puisqu'elle n'a pas encore atteint selon Heidegger, le fondement du fondement. Elle s'est simplement limitée à être une théorie des éléments.

Il faut donc introduire une nouvelle étape d'analyse de la recherche du fondement de cette possibilité de la synthèse ontologique que nous venons de brosser à grands traits. Si la métaphysique est une synthèse ontologique, elle renonce dès lors à être une pure spéculation, pour s'ériger en une ontologie, se distinguant par le fait même de l'expérience sensible. Heidegger a ainsi tenté une définition de la métaphysique qui est devenue une quête de l'essence fini de l'être connaissance. Le point de conjonction entre métaphysique et ontologie s'établit ici, pour autant que ce qui est visé, ce n'est plus la connaissance ontique, mais bien au contraire la connaissance ontologique.

Pourtant, cette approche de Heidegger semble avoir oublié d'établir la synthèse de l'ontique et de l'ontologique. Raison pour laquelle nous pouvons envisager le dépassement de Heidegger pour faire appel à une autre approche : celle de Forest. Pour nous, nous souscrivons à la définition de la métaphysique proposée par Forest :

> « Si la métaphysique est la science du fondamental, elle apparaît avant tout comme révélation de soi, et la conquête du sujet pur dans l'acte même par lequel nous saisissons la vraie portée de notre référence à l'étant...la métaphysique est alors la recherche de ce qui est premier, non seulement dans l'étant lui-même, mais dans notre situation devant lui »[278].

Si telle est la définition la plus profonde, la plus acceptable et la plus significative de la métaphysique dans la mesure où elle souligne la nécessité d'une réflexion sur soi, ainsi que sur les étants, dans un effort de synthèse de deux dimension fondamentales qui se rapportent fort considérablement à notre sujet (l'étant lui-même et notre situation devant lui) alors nous comprenons qu'il est

---

[277] P, GILBERT, *Op.cit*, p.145
[278] A. FOREST, « *Orientation actuelles en métaphysique* » *In Revue philosophique de Louvain*, 1951, p. 656.

possible de penser une *praxis* transcendantale, qui doit être comprise comme une démarche métaphysique cherchant à cerner le fondement dans l'expérience de la *praxis*. C'est là, que Michel Henry vient comme pour compléter la définition de la métaphysique, en situant le fondement, non plus en dehors des phénomènes mais dans les phénomènes.

Comment une telle inclusion se démontre-t-elle dans le rapport entre la métaphysique et la *praxis* ? C'est à cette question que tente de répondre Michel Henry pour qui, penser en concert la phénoménologie et la métaphysique, en essayant d'aborder la question de l'être selon son apparaître originaire, suppose toujours et déjà une métaphysique, comprise comme la science de ce qui est en tant qu'il est *(id quo est)*.

Contrairement à l'élaboration de la question du fondement telle qu'élucidée par les auteurs classiques que nous avons cités plus haut, Michel Henry, propose une métaphysique qui est fondée sur la *praxis*. Le recours à la méthode phénoménologique ne signifie rien d'autre que l'exigence de partir de l'apparence phénoménale pour en faire un mode d'accès au fondement même de cette apparition comme essence du phénomène de sa réalité[279]. De cette nouvelle tâche accordée à la phénoménologie, Michel Henry dégage une nouvelle définition de la phénoménologie en ces termes : « la phénoménologie est une science de l'être comme manifestation et science du fondement comme manifestation »[280].

D'une part, comprise comme science de l'être comme manifestation, Michel Henry se limite à prendre en compte les phénomènes considérés dès lors comme horizon de l'extériorité de l'être. D'autre part, limitée à être la science du fondement comme manifestation, la phénoménologie est alors la méthode d'accès aux phénomènes en tant qu'ils portent en eux une certaine intériorité, un certain fondement ontologique.

De part en part, ce dont il s'agit, c'est bien d'une phénoménologie métaphysique, qu'il nous faut comprendre comme la science de son propre fondement qui est à soi-même son propre fondement. La phénoménologie apparaît comme « une recherche qui vise à élucider son propre fondement, elle est une

---

[279] M.HENRY, *Essence de la manifestation,* p.64.
[280] *Idem.*

réflexion sur elle-même. La phénoménologie, est son propre objet... œil par lequel l'Absolu nous regarde est le même que celui par lequel nous regardons l'absolu»[281].

La phénoménologie, devenue une phénoménologie métaphysique, a ainsi pour mission de rendre manifeste l'être comme manifestation même dans toutes ses conditions de manifestation. Cette tâche ne va pas sans fusion de la phénoménologie et de l'ontologie, « dans un projet philosophique irréductible, celui de saisir l'essence et l'être comme manifestation et comme essence de manifestation »[282].

La fusion de l'ontologie et de la phénoménologie conduit ainsi Michel Henry à comprendre la métaphysique dans un autre sens, en tant que science de la manifestation *sui generis* de l'être. Pour le dire autrement, la métaphysique revêt désormais le statut de la transcendance et de l'immanence de tous les phénomènes. Elle est, en quelque sorte, le fondement de toute manifestation transcendante.

L'éclatement du concept métaphysique que pose Michel Henry par le détour d'une phénoménologie justifie ainsi la rupture conséquente avec le monisme ontologique qui est désormais substitué par un dualisme ontologique entre deux sphères de la manifestation, ce qui, sans convenance aucune, situe la question du fondement dans une transcendance immanente, en ouvrant par le fait même, grands ouverts les champs de son extension. La phénoménologie métaphysique fondée désormais sur le principe d'un être manifesté dans sa transcendance et son immanence est aussi prélude à une *praxis* ontologique. Le champ est tout aussi vaste, car il engobe le domaine de la politique, de l'éthique, de la culture, du langage, de l'économie, de la religion, pour ne citer que ces sphères de la manifestation de l'être. Mais, nous n'allons pas considérer toutes ces sphères qui ouvrent autant d'interprétations, elles aussi vastes.

Nous allons uniquement nous arrêter sur la *praxis* langagière, en montrant comment le langage, l'une de manifestations de l'être, relève à la fois de la *praxis* et de la transcendance. Michel Henry a abordé la question du langage, bien que sommairement. Nous le comprenons ainsi en le mettant en dialogue avec la phénoménologie du langage que développe Heidegger dans l'*Acheminement vers la parole*, une des œuvres dans lesquelles se donne à lire le lien intrinsèque entre le langage et l'être.

---

[281] *Idem*, p. 69.
[282] 1*dem*. p. 50.

IV.4. Vers une *praxis* métaphysique : le paradigme du langage

Nous sommes déjà au terme de la réduction radicale décrite par Michel Henry face à deux plans qui diffèrent, à savoir celui de l'immanence et celui de la transcendance. Nous avons montré que l'immanence est condition des possibilités de la transcendance, parce que pour voir, il faut, avant tout, disposer des possibilités de voir. Mais, la vie qui porte en elle le caractère de l'immanence et de la transcendance, se révèle sous plusieurs formes entre autres, le langage, l'économie, la politique, la technique, pour ne citer que ces horizons de manifestation de l'être.

Découvrir la vie originaire au cœur de l'expérience humaine, c'est pour Fabien Eboussi, « voir et comprendre toute chose en tant qu'elle renvoie à l'origine comme à sa provenance, à l'origine comme à sa destination, à l'origine comme son actualité»[283].

La vie est en quelque sorte dicible, perceptible, elle est une vie réelle. Réelle aussi est la philosophie[284]qui s'intéresse à une telle vie, de telle sorte que la question est alors de savoir dans quelle mesure cette expérience de la vie réelle est, comme telle, dicible et sous quelles conditions elle se manifeste à nous dans une *praxis* radicale, c'est-à-dire profonde. Autrement dit, peut-on théoriser cette vie dès lors que celle-ci s'offre à nous, dans une *praxis* radicale, sous forme d'un s'éprouver soi-même ? D'autres questions peuvent être posées notamment : quel statut peut revendiquer une parole qui aurait pour prétention de dire la vie ? Existe-il un rapport entre la parole, la vérité et l'être ? Est-il possible de phénoménaliser le langage ? Le langage traduit-il l'être ? Ou alors, est-il simplement le lieu de la manifestation parcellaire de l'être ? Peut-on penser un langage du monde sous forme d'une essence vivante ? Comment passer de la parole parlée à la parole vivante, c'est-à-dire celle qui est porteuse de vie ? La parole est-elle simplement un hors de soi limitée à être une pure extériorité ? Est-il possible de penser une parole qui soit manifestation de la vie ? Entendre une parole, n'est-ce pas entendre la vie en elle-même ?

Chez Michel Henry, comme nous le savons, la vie est un procès par lequel se dévoile et se manifeste autant de facettes de l'être. Elle dévoile l'essence immanente qui habite dans chaque vivant. De même qu'il y a une Vie qui est auto-dévoilement, de même, il y a une Parole qui est autorévélation : le Verbe premier. C'est cette analogie qui nous conduit à penser une *praxis* métaphysique, en partant d'une

---

[283] F.EBOUSSI, *La crise du Muntu, authenticité africaine et philosophie*, p. 43.
[284] M.HENRY, Marx, *une philosophie de la réalité*, Paris Gallimard, 1976, et collection "Tel", 1991.

réflexion qui établit le rapport entre langage et vie. Nous partirons de la conception heideggérienne de la parole avant d'en arriver à celle que Michel Henry met en exergue, le but étant de montrer qu'il est possible de quêter la parole de vie devant chaque parole parlée. Comment cela est-il possible ?

En fait, si nous nous arrêtons à l'élément du langage[285], nous constatons depuis Heidegger[286], que la parole est lieu du dévoilement de la pensée. Plus encore la pensée est une parole intérieure, celle qui parle dans l'homme, celle qui est immanente à l'homme. Ce qui, revient à poser la question du lien qui unit le plan d'immanence à la transcendance si tant est que le langage se donne à nous comme déjà constitué dans son appartenance à la mondanité[287].

Poser la question du lien qui unit la transcendance à l'immanence, c'est dans une certaine mesure rejeter la thèse de monisme ontologique et penser un dualisme ontologique au sein du langage. Nous l'avons déjà dit, un tel dualisme situe la problématique métaphysique sur un champ pratique, de telle sorte que *L'essence de la manifestation* de Michel Henry peut être considérée à juste titre comme une critique[288] du monisme ontologique, celle qui en tout cas, aurait conduit la philosophie occidentale à réduire la phénoménalité à *l'ek-stase* ou au dévoilement pur.

En effet, en concevant le langage dans la logique de la critique du monisme ontologique, dans « Philosophie et phénoménologie », Henry y dégage, une différence entre la parole du monde et la Parole de Vie[289], comme pour signifier que la première est rapidement évoquée dans une perspective critique, celle de *l'acheminement vers la Parole* de Heidegger. Certes le mérite de Heidegger est d'avoir perçu que toute méthode, de même que tout langage, présuppose une donation originaire et, par conséquent, il reconnaît que la méthode ne constitue plus une instance primordiale pour autant que la voie qui conduit au phénomène réside dans sa phénoménalité[290].

---

[285] M.HENRY, " Phénoménologie matérielle et langage (ou Pathos et langage)", *in A. David et J.Greisch (dir.), Michel Henry, l'épreuve de la vie*, Paris, Cerf, 2001, pp. 15-37.

[286] M, HEIDEGGER, *Acheminement vers la parole*, Tradition J. BAUFRET, Gallimard, Paris, 1976

[287] D. DARCIS. «Comment dire la praxis transcendantale chez Michel Henry », 2008, n°3.p. 3.

[288] Et pourtant, malgré ces attaques répétées à l'encontre du monisme, on peut se demander s'il y a réellement une séparation entre la manifestation et l'essence, surtout si on se tient simplement à la thèse selon laquelle, il s'agit de l'essence de ce qui se manifeste, bien plus, de l'essence de *l'ek-stase.*

[289] M. HENRY, *De la phénoménologie*, Tome I, Paris, P.U.F., 2004, pp.181-196

[290] M. HENRY, *De la phénoménologie*, Tome I, pp 181-196.

Une réflexion sur le langage nous révèle ainsi l'existence d'une source inspiratrice, celle qui parle dans l'homme, celle qui est porteuse de vie, en profondeur. Le langage, est à cet égard une manifestation d'une origine, il est une cratophanie[291]. En ce sens, le concept de la parole parlée qui est différente de la parole parlante, celle qui parle dans l'homme nous dévoile l'existence d'un principe originaire qui partage les attributs de la vie comme auto-donation.

Aussi voit-on cette thèse s'accompagner d'une affirmation qui semble formelle, celle qui dit que la parole, ainsi que le note Heidegger, *précède tout parler* humain, de sorte qu'en même temps que ce qu'elle dit, la parole dit toujours son propre déploiement. Il convient que nous nous arrêtions un instant à ce niveau pour analyser le fait que ce qui est premier, ce n'est donc pas l'être humain mais bien au contraire la parole, car on ne peut pas dans une telle logique remettre en cause la préséance de la parole sur tout parler humain, ce qui, ne peut que nous conduire à penser que : « l'être humain repose dans la parole »[292] et que « la parole est partout déjà présente »[293]. Cette omniprésence de la parole ne nous dit rien d'autre que son incarnation dans la chair, son positionnement dans la vie réelle. Seulement, nous devons nous garder de considérer cette parole comme l'apparaître grec, « *cette venue au-dehors en laquelle se donne à nous ce que nous voyons et ce dont nous pouvons parler* »[294]. Raison pour laquelle la connexion entre le *dire* et le montrer conduit Henry à comprendre la Parole heideggérienne comme l'horizon en lequel s'inscrit tout étant. Apparaître et parole sont ainsi liés à telle enseigne que l'apparaître est ce qui est expérimenté dans la parole, en tant que celle-ci est l'ouverture de l'horizon ek-*statique*.

Pourtant, ce qui intéresse Michel Henry, ce n'est pas en tout cas la parole comme manifestation d'un monde qui se dit. Bien au contraire, il est soucieux plutôt de mettre en lumière le Dire, de laisser le Dire se mettre en lumière sous une phénoménalité pure, sous forme d'une vie auto-révélée. C'est en ces termes qu'il met l'accent sur ce que la parole dit et les façons dot elle le dit, non pas parce que la parole en elle-même ne l'intéresse pas, mais parce que ce que la parole dit, c'est la vie, dans sa phénoménalité : « tout dépend en ce qui concerne la parole, ce qu'elle dit, la façon dont elle le dit, celui enfin ou ceux auxquels elle le dit, de la façon dont se phénoménalise la phénoménalité pure »[295]. Il suffit donc pour Michel Henry de

---

[291] F.EBOUSSI, *La crise du Muntu, authenticité africaine et philosophie*, p.43.
[292] M. HENRY, *De la phénoménologie*, p 189.
[293] M. HENRY, *De la phénoménologie*, p. 189.
[294] *Idem.*
[295] *Idem.*

substituer la vie au monde pour que cette parole qui parle devienne Parole de Vie, et l'on comprend bien pourquoi, il a amorcé une « religion de la parole de Dieu »[296], cette tentative de cerner la révélation sous forme de l'incarnation d'une parole Vivante.

Tout se joue ainsi dans cette connexion entre la parole et la vie, et comme nous l'avons déjà dit à plusieurs reprises, la vie s'auto-apparaît comme l'apparaître en tant que tel, conception qui nous amène inéluctablement à affirmer que *la Parole de Vie dit la* vie. « Dans sa Parole, la vie se dit elle-même »[297].

Et pourtant, la parole ne se limite pas simplement à dire la vie, elle est aussi vie, de telle sorte qu'un rapport établi entre la parole, la vie et l'être nous conduit nécessairement à conclure à la suite de Eboussi que Parler, c'est être, mieux « parler, c'est être parole »[298]. La parole non seulement parle de la vie mais manifeste son mouvement même qui va du dedans au dehors, mais aussi du dehors au dedans.

Manifestement, la parole n'épuise pas le parler, car dans le parler il y a des dimensions d'être insoupçonnées. Et le propre du parler est qu'il est la demeure de l'être. Parler, c'est, en ce sens, jeter au dehors de la facticité, cette dimension de l'être qui habite le parler et qui est un domaine absolument spécifique. On comprend pourquoi, la parole n'a donc pas sa source en elle, dans une existence toute faite, dans une sorte de monde substantiel et réel. La parole nous renvoie à un autre monde: le monde de la vie invisible qui possède des potentialités beaucoup plus fondamentales. La parole parlée est en ce sens un horizon dans lequel se projette le monde de la vie invisible, elle nous révèle une réalité plus profonde que ce qui se cache dans le *Parler*. Ce serait au fond quelque chose de caché que la parole fait voir, fait advenir, un apparaître pur mais qui rend visible l'être de la vie. Car, au commencement était le Verbe et le Verbe s'est fait Chair, le Verbe s'est fait vie. Du coup, la Parole comparable au Verbe se fait vie, mieux elle est Vie.

Si donc la parole est vie et être, il reste à savoir les liens qui rattachent la parole à la vie, mais aussi les marges qui les séparent. Il est vrai que la vie s'éprouve elle-même dans un pathos. Néanmoins, cela peut-il se vérifier lorsqu'il s'agit de la parole ? C'est ici qu'un second élément se fait jour : « Tout vivant prend naissance dans la Vie et ce en tant qu'il est généré dans le *s'éprouver* soi-même de la vie. Autrement

---

[296] M. HENRY, « Parole et Religion la Parole de Dieu », in J.-F. Courtine (dir.), Phénoménologie et théologie, Paris, Criterion, 1992, pp. 129-160.
[297] M. HENRY, *De la phénoménologie*, p. 190.
[298] F. EBOUSSI, *La crise du Muntu, authenticité africaine et philosophie*, p. 44.

dit, la vie s'éprouve elle-même dans la génération d'un vivant, qui est appelé *Soi transcendantal* »[299].

Dès lors si le *s'éprouver* de la vie s'identifie à un soi transcendantal, la parole de tout vivant qui est lui-même un soi transcendantal, nous dévoile que la Parole n'est autre chose que le s'éprouver soi-même de la vie en nous. Cette vérité est d'autant plus essentielle qu'elle exige que nous mettions en lumière un rapport entre la parole qui parle dans l'homme, comme l'a démontré Heidegger, et la vie qui parle dans chaque vivant, celui-ci étant lui-même un soi vivant. La vie précède donc tout vivant de telle sorte que pour Michel Henry, cette vie qui se fait parole, permet à la personne qui est en train de naître d'attendre les bruits de sa naissance.

Chose étrange, mais n'oublions pas que la parole dont parle Michel Henry n'est pas celle du monde, elle est celle de la vie et cela, bien entendu, parce que la première est dépourvue de toute réalité. Si donc la parole du monde est distincte de tout ce qu'elle dit, notons que tout ce qui vient à la présence en elle est frappé d'irréalité. On ne peut donc pas séparer la parole de la vie, de même que l'on ne peut séparer la vie du monde. Il y a vraisemblablement une conception fondamentale que nous devons donner à la vie, car dans une telle logique, elle est identifiée au fondement même du monde. La vie, en effet fonde le monde, elle le rend possible, en se tenant pour autant étrangère à lui. Le rapport de la vie au fondement, un rapport de fondement, nous amène ainsi à ne pas séparer la parole considérée comme discours théorique, à la *praxis*. Autant la parole est vie, et pace que la vie fonde le monde, autant la parole fonde le monde. La question qui s'impose ainsi de soi est celle qui cherche à savoir quel statut peut revendiquer une analyse théorique à l'égard de la praxis à laquelle nous avons renvoyé plus haut, la réduction radicale ? Le travail théorique de Michel Henry assume ce paradoxe qui est de désigner la vie, non plus dans son immanence et sa transcendance, mais de lui reconnaître une secondarité positionnelle, à savoir, celle de la *praxis*.

A cet égard on pourrait prendre pour exemple *Voir l'invisible*[300] de Michel Henry en soulignant comment cette logique, que ce soit le langage, que ce soit l'économie, la religion, la culture, l'art, toutes ces manifestation sont autant des secteurs de la *praxis* humaine qui manifestent l'être comme vie. Dans toutes ces sphères il s'agit d'une manière ou d'une autre, de rendre compte d'une réalité visuelle mondaine. C'est le cas, par exemple, de l'art qui nous dévoilent plus souvent le

---

[299] F.EBOUSSI, *op. cit*, p. 44.
[300] M. HENRY, *Voir l'invisible, sur Kandinsky*, Bourin-Julliard, 1988, PUF, 2005.

monde de l'artiste, sa vie intérieure et peut-être aussi son langage. C'est aussi le cas de technique qui est dès lors le lieu de la production, du dévoilement et de la mise à jour de l'être par la transformation. De même, la politique, qui nous dévoile la vie publique et nous montre que le *vivre-ensemble* est toujours sous-tendu par la vie et plus encore le bien vivre, comme fondement et leitmotiv de l'union d'un groupe des personnes dans une République[301]. Quoi qu'il apparaisse, il y a dans la *praxis* une manifestation d'une transcendance qui garde encore son immanence, c'est-à-dire son intériorité, donnant ainsi lieu à une *praxis* transcendantale.

De même, dans le domaine de la *praxis*, voir l'invisible, c'est donc aller au-delà de l'apparaître, pour saisir la transcendance de l'être de l'apparaître, donnant ainsi lieu à une *praxis* que nous avons légitimé comme une transcendance. On comprend alors la maxime fondamentale présente dans *Voir l'invisible*, maxime que Michel Henry formule en ces termes : « *je ne suis pas ce que je montre, je suis ce qui se tient à l'écart de toute visibilité* »[302].

L'écart existant entre ce qui brille sous forme d'une monstration et ce qui se cache dans cette même monstration nous situe sur le champ d'enracinement du visible dans un invisible, de la pratique dans une théorie, voire de l'enracinement de la théorie philosophique au sein de l'expérience de la vie, au sens d'une *praxis vitale*. Les énoncés théoriques spéculatifs, dans une telle logique sont conséquemment et même intimement liés à la concrétude de la vie, pour autant que la pratique trouve en elle sa sève. On saisit ainsi pourquoi la réduction radicale, parce qu'elle vise à aller au fond des choses qui se manifestent, elle est une réduction qui vise à cerner la réalité invisible qui justement sert de trame et de sève à toute *praxis*, étant entendu que cette dernière dispose conséquemment de différents lieux opératoires pour s'accomplir, que sont, entre autres, l'art et la psychanalyse, la religion, l'économie, la politique, la musique, la théodicée, la technique etc. C'est dire en somme que la validité de ces sciences de la *Lebenspraxis* ne tient, en fin de comptes, leur enracinement qu'au sein d'une théorie transcendantale qui leur sert de fondement. C'est donc à juste titre aussi que l'horizon philosophique du pragmatisme, mais aussi de la *Lebenspraxis, dans toute sa complexité,* deviennent le lieu de la manifestation d'une transcendance[303].

---

[301] M. HENRY, « La vie et la république », *in Revue de l'Enseignement philosophique*, 3, 1989, pp. 148-160.

[302] M. HENRY, V*oir l'invisible, sur Kandinsky*, p.7.

[303] M. HENRY, *De la phénoménologie*, p. 190.

Rien n'est donc à l'extérieur de l'être, rien non plus n'est sans l'être parce que l'être a désormais pour demeure la manifestation. L'apparaître n'est pas simple apparaître, il est aussi manifestation de l'être. Tout ce qui est dans l'homme et hors de l'homme a une essence immanente, mais en même temps transcendante. Les activités de l'homme sont sous-tendues par une Archi-existence, une base et un fondement basique : la vie. Tout est plein de vie, la vie est présente en tout car, tout ce qui se manifeste est une actualisation d'une essence immanente.

Ainsi voit-on réapparaître la thèse de l'hétérogénéité de l'immanence et de la transcendance et ainsi, de la *praxis* et de la théorie, une hétérogénéité qui se transforme progressivement en homogénéité, parce qu'elle traduit en quelque sorte l'existence d'une réalité essentielle, c'est-à-dire d'une réalité qui porte en elle une certaine essence et une certaine intelligibilité. Tout l'enjeu de cette seconde possibilité de lecture est donc de nuancer le rapport entre vie et monde. Le monde dans une telle logique, porte en lui une vie et on ne peut en aucun cas parler de la banalité de la vie, de « l'anti-essence de la vie »[304], de la faiblesse de la vie, ni de sa force, de la volonté de puissance, moins encore de la barbarie, thèse que Michel Henry soutient dans *Barbarie*[305].

Il n'y a donc pas d'une part la vie et ce qui est non-vie, car cela se laisse percevoir dans « la généalogie de la psychanalyse », article consacré à Nietzsche et plus spécifiquement à l'articulation de Dionysos « Les Dieux naissent et meurent ensemble ». En tout cas, il y a une homogénéisation nécessaire de l'hétérogénéité de la vie sous forme d'une synthèse qui nous replonge dans un monisme, car la vie qui advient sous diverses modalités s'unifie sous forme d'une immanence radicale, et d'une imbrication essentielle de toutes les facettes de la manifestation, celles qui sont autant des traces de la manifestation de la vie absolue. Voilà pourquoi, la théorie, quelle que soit la charge sémantique que nous lui accordons, peut être appréhendée sous l'angle d'une praxis, d'une épreuve de la vie sous l'une de ses modalités particulières. Voilà aussi pourquoi toute philosophie comprise comme discours théorique, comme le sont par exemple la métaphysique, la logique, l'épistémologie, serait le lieu d'un déploiement de certaines forces de la vie, lieu de la manifestation d'une essence vitale.

---

[304] M. HENRY, « *Généalogie de la psychanalyse* », Paris, P.U.F., 2004, p. 312.
[305] M. HENRY, *La Barbarie*, Grasset, 1987, ct, 1988, Paris, PUF, 2001.

L'affirmation selon laquelle l'onto-phénoménologie est une métaphysique phénoménologique et une phénoménologie métaphysique s'est vue éclairée par la considération de la pensée de Michel Henry, en raison de la thèse qui pense l'être comme un concept métaphysique et comme une réalité ontique, comme une donnée externe et comme une réalité auto-affective. Dans la mesure où la démarche métaphysique arrive par elle-même à célébrer sa « *des-absolutisation* » et sa « *dé-trancendantalisation* », elle devient dès-lors non pas spectatrice de la *Lebenswelt*, mais dramatique en même temps que la *Lebenspraxis,* ce qui fait justement d'elle une onto-phénoménologie à vocation pluridisciplinaire.

Penser une telle métaphysique, a été, la toile de fond de notre effort tout au long de cette étude, qui s'est inscrite en faux contre le préjugé tenace selon lequel la métaphysique est une science de l'abstrait et que les phénomènes constituent une anarchie des pures apparences. Nous nous sommes aussi inscrits en faux vis-à-vis du préjugé selon lequel l'être est séparé de toute relation avec les phénomènes, comme si le souci d'unifier l'être et l'étant était un projet irréalisable. Nous avons en revanche tenté de montrer que les phénomènes comportent une logique immanente, celle même de la norme intime qui le dirige.

En outre, il y'a même une valeur initiatrice et proprement noético-noématique dans toute entreprise ontologico-phénoménologique, qui a eu pour clef de voûte, la balise qu'introduit le rapport apparemment antithétique entre la transcendance et l'immanence. Ce rapport est celui que nous avons discerné dans la tradition philosophique allant des présocratiques jusqu'à Heidegger, en passant par quelques figures de proue de l'époque médiévale et moderne. Pour tenter de briser un tel dualisme, nous avons fait recours à l'intuition centrale qui gouverne la phénoménologie de Michel Henry. Cette phénoménologie gravite autour du concept de la vie, qui selon l'auteur de *l'Essence de la manifestation,* a été soit oubliée par le phénoménologue depuis Platon jusqu'à Merleau-Ponty, soit elle a été considérée dans son extériorité.

Nous avons par-là essayé de comprendre que si la phénoménologie contemporaine avant Merleau-Ponty, n'a pas décrypté cette approche de la vie dans son intériorité radicale, c'est certes en raison de son incapacité à élucider la vie non plus dans son extériorité mais dans son intériorité. Redonner les lettres de noblesse à la vie dans son intériorité, c'est en même temps redonner à la théorie toute sa prégnance sur la réalité et cela, bien entendu, sous l'angle de la vie comme épreuve. Comme quelque chose qui se sent elle-même. La vie, qu'elle soit celle qui est visible ou bien celle qui est invisible imbrique en elle l'existence toute entière sous forme d'un monisme hétérogène. Là, habite ainsi le monde de la vie théorique et celui de la vie pratique.

La vie, nous lance le défis de ne jamais perdre de vue l'alliance invincible de la réalité invisible pathétique et de l'irréalité visible du monde. Elle nous dit qu'elle est omniprésente, première, incarnée dans un monde qui ne peut ni la contenir ni la garder pour soi, pour autant que, même si elle n'appartient pas au monde, elle ne peut se donner dans la libéralité et la gratuité. Cette vie qui est sève de toute vie animale, végétale et humaine, cette vie qui est la semence de toute vie, parce qu'elle est la croissance vient donc d'un ailleurs, vient d'une Vie qui est Verbe, chemin, Vérité, autorévélation et automanifestation. Une telle vie, parce qu'elle est présente et immanente en toute vie, transcende cependant toute vie. Elle n'est pas de l'ordre du panthéisme mais dans l'ordre d'une transcendance immanente. Elle est l'être de la parole, de la technique, de l'art, de la politique, etc. Elle est, pourrait-on dire, la force vitale de toute praxis.

Les retombées d'une telle conception de la vie peuvent servir de grille de réinterprétation de la notion de la force vitale qui a été objets de tant d'investigation dans *l'ontologie batou*. La force vitale pourrait par exemple être comprise comme une vie originaire, mais en même temps porteuse d'une puissance originaire. La force Vitale peut être aussi posée à titre d'un exister qui doit encore se phénoménaliser dans l'existence et en ce sens, elle est une essence non statique, moins encore fixiste. Bien au contraire, « ce qui doit être : elle est croissance ontologique et axiologique »[306], elle est possibilité et devenir.

---

[306] EBOUSSI, *La crise du Muntu, authenticité africaine et philosophie*, p. 44.

2   CONCLUSION GENERALE

Que l'intention majeure de cette étude, ait été une tentative de réconcilier le paradigme ontologique et phénoménologique par le *médium* d'une onto-phénoménologie de la vie, c'est important de ne pas l'oublier, même si nous sommes partis d'un dialogue avec la tradition philosophique pour montrer que notre questionner sans être suranné, sans être dépassé, n'émerge pas *ex-nihilo*, car « *ex-nihilo nihil fit* »[307]. Du moment qu'il cherche à questionner, le questionnement selon Heidegger, « a besoin d'une direction qui précède et guide sa démarche à partir de ce qu'il recherche »[308], pourvue que par questionner, nous entendions la recherche d'une compréhension de ce que l'on questionne et du contexte dans lequel le questionnement vient à s'éclairer, en se dévoilant comme une recherche inlassable d'un fondement, toujours plus fondamental parce qu'il fait du *Fragen* un incessant *Zuruckfragen*[309], comme pour dire que notre recherche ne se termine pas par ici. Bien au contraire, elle engendre et ouvre à d'autres questions. Voilà ce qui rend ambitieuse toute tentative conclusive en philosophie, car la philosophie ne donne pas des réponses toutes faites, elle ouvre des pistes pour que chacun trouve la réponse à ses questions, pour que chacun continue à s'interroger. Si donc les questions sont plus importantes que les réponses, devons-nous pour autant prendre le loisir de ne pas conclure ? Non. Résumons donc le parcours que nous avons initié, pour ainsi saisir le fil d'Ariane qui précède l'onto-phénoménologie de Michel Henry.

Avant de définir ce qu' est la phénoménologie de la vie, nous sommes partis de la compréhension de ce que signifie la phénoménologie. Par phénomènes nous attendons ce qui apparait, ce qui se manifeste, ce qui se donne à voir, ce qui se donne à percevoir : les phénomènes sont différents de noumènes. *Le logos*, c'est l'étude, le discours, la science, la parole pour expliquer, pour comprendre le phénomène. La phénoménologie est ainsi une étude du sujet qui décrit ce qui se manifeste : le pôle noétique ou l'objet qui se donne et le pôle noématique, le sujet qui décrit, qui comprend et qui explique.

Nous nous sommes tout d'abord focalisés sur la méthode phénoménologique, selon Husserl Edmund (1859-1938), tel qu' on peut le voir dans *ses Méditations*

---

[307] Du rien, rien ne se fait.

[308] M, HEIDEGGER, *Etre et temps*, p.29. (un questionnement qui fait advenir d'autres questionnements)

[309] M, HEIDEGGER, *Qu'est-ce que la métaphysique*, p.19. (*Fragen* signifie ici questionnement)

Cartésiennes, *Les idées directrices pour une phénoménologie* et *La crise des sciences européennes*. Son projet philosophique était de faire de la philosophie une science rigoureuse à la manière des mathématiques, il recherchait les évidences comme Descartes. Pour lui, la philosophie n'est pas une doctrine, elle est une science, et une science rigoureuse, ayant une fondation indissoluble. Cela signifie que la philosophie doit dépasser la subjectivité pour embrasser l'objectivité. Il a été influencé par Francis Brentano 1838-1917 : ce dernier parlait de la psychologie descriptive. Husserl va se demander comment atteindre la subjectivité du sujet, sa conscience. Nous avons, en outre, essayé de comprendre la méthode phénoménologique chez Husserl. Husserl parle de la réduction philosophique, la purification de la conscience. Il s'agit de purifier le sujet de toute subjectivité avant de l'orienter vers l'objet, dans le but de vouloir se débarrasser de préjugés et des précompréhensions, de pré-connaissances, des *aprioris* du sujet, de pré-appréhensions. Dans ce sens, Husserl parle de la réduction eidétique comprise comme l'élimination des idées préconçues, de l'idée du parfait, les idées innées. A la fin de tout cela, le sujet retourne vers les choses elles-mêmes. Ce mouvement est appelé intentionnalité. Chez lui, la conscience n'est pas solipsisme, elle est dirigée vers quelque chose. Chaque conscience est conscience de quelque chose. Savoir être dans l'état de savoir que l'on sait. Avoir conscience, c'est être dans l'état de vouloir. La conscience intentionnelle au sens phénoménologique est un vouloir à *voir les essences des choses*. C'est l'intention immédiate qui ne passe pas par les sens mais qui cherche à voir les objets dans leurs propriétés, c'est ce qu'il appelle intuition.

L'intention est le mouvement de la conscience vers l'objet. C'est le credo de la phénoménologie selon Husserl. Chez Husserl, cet effort de décrire les choses, non pas comme nous les pensons, mais telles quelles sont en elles-mêmes, c'est la méthode phénoménologique, le but étant d'arriver à la parfaite objectivité, le but étant d'aller au-delà des apparences, pour retrouver l'essence des choses. Ainsi, la phénoménologie est la science qui cherche à saisir, à comprendre l'essence des choses : La choséité de la chose, la quiddité de la chose.

Alors que chez Kant, la connaissance reposait sur le jugement et chez Descartes sur le *cogito*, chez Husserl, elle est l'expérience sensible comme perception des essences des choses. Husserl arrive à la difficulté de savoir qui perçoit les essences; il affirme que c'est bel et bien le sujet. Il est ainsi le donateur de sens aux objets, l'égo transcendantal. Chaque sujet porte en lui un objet. Il n'y a d'objet que pour une conscience car l'objet doit être intentionné (l'intentionnalité c'est le mouvement du sujet vers l'objet) par une conscience. Le sujet est toujours dans un rapport de transcendance avec l'objet.

Bien après, nous avons montré que la méthode phénoménologique de Husserl est différente de celle de Heidegger. En réalité, Heidegger réagit à la méthode philosophique de Husserl qui donnait la priorité à la conscience comme point de départ et négligeait en fait la réalité ou la facticité (faits-Dasein-existence). Il transcende le retour aux choses elles-mêmes pour revenir à l'existence qu'il appelle la facticité, le retour vers l'être de l'étant. Chez Husserl, ce qui est premier ce n'est pas l'objet mais l'expérience que le sujet a de l'objet. Cependant, Heidegger dit qu'on doit aussi savoir que l'expérience du sujet lui-même est une facticité, un fait. Deuxièmement, la réduction qui vise d'atteindre l'essence des choses, est selon Heidegger une entreprise difficile et prétentieuse. Parce que selon lui, « l'essence se donne à nous », et il n'appartient pas au sujet de le décrire. Pour lui, l'objet a toujours une face cachée qui ne se dévoile pas toujours devant le sujet. Dans cette même logique, Heidegger considère que l'être de l'étant n'est jamais total dévoilement ou découvrement. Il est cachement, il est occultation, il est couvrement. Dans l'Etre se trouve la dialectique de la manifestation et du cachement, car l'essence de l'Etre se cache en se dévoilant, il se dévoile en se cachant.

En ce sens, Heidegger redéfinit la phénoménologie comme le discours sur ce qui se laisse voir, sur ce qui se dévoile. C'est le discours qui consiste à laisser l'objet se dévoiler lui-même. La vraie objectivité consiste à laisser les objets venir à nous, laisser les choses, les étants et tout ce vers lequel nous sommes dirigés nous livrer leur fond, leur fondement en venant eux-mêmes à la lumière dans un mouvement de dévoilement mais qui est encore voilement, dans une perspective onto-phénoménologique.

Voilà pourquoi la démarche heideggérienne est plus ontologique que simplement phénoménologique. Elle est onto-phénoménologique. Dès que les choses se sont dévoilées, nous devons retrouver leur Être. En ce sens, il nous faut aller vers l'apparaitre en essayant de laisser l'Être de l'apparaitre se dévoiler à nous.

Ensuite, nous avons discuté la phénoménologie de Michel Henry et avons montré qu' au croisement de l'ontologie et la phénoménologie, l'intention directrice de l'onto-phénoménologie de Michel Henry est partie de l'inévitable dialogue avec la tradition philosophique. Elle s'est en ce sens attachée à prouver que le retour vers les phénomènes, s'il est le premier seuil de la démarche onto-phénoménologique, ambitionne aussi de se positionner dans une situation de neutralité non thétique, qui laisse en suspens la question ontologique, afin qu'au terme seulement, elle se découvre dans une position incontestable. Nous avons vérifié par-là, l'ultime formule d'une onto-phénoménologie, visant à réaffirmer le dépassement capital et effectif d'un phénoménisme, tout comme d'un méta-physicalisme au sein desquels, dans l'histoire de la philosophie, certaines thèses, ont voulu circonscrire la vérité de l'Etre.

Au croisement de l'ontologie et de la phénoménologie, l'idée centrale de cette étude est de procéder à une reprise à nouveau frais, du vieux débat, portant sur le visage de la vérité, une vérité qui, identifiée à l'apparaître des phénomènes, effacerait par moment les essences de ces mêmes phénomènes, au profit de leur monstration, encore-que cette monstration ne sera jamais considérée en raison comme préalable à son essence qui d'ailleurs la fonde. C'est là justement que notre sujet semble être parti sur une note ambivalente, car il nous est difficile de trancher, avec sûreté, la vielle énigme de la priorité de l'existence sur l'essence et vice versa, en dehors de la position médiane qui consiste à penser concomitamment l'existence et l'essence. Comme le souligne Thomas d'Aquin-, « *Primo intellectu cadit ens* » - c'est qui vient d'abord à l'intelligence, c'est l'existence, et l'être est le premier connu- et *ad libitum*, nous avons opté de partir des phénomènes, non pas à titre apriorique, mais méthodologique. Notre propos, s'est donc attaché à ce que l'*a priori* des phénomènes implique quant au statut formel d'une métaphysique comprise comme l'au-delà des existant, trans-existant comme *ex-cendance*.

Une telle révolution dans la conception de la *méta-physis*, révolutionne au même moment le regard que nous devons porter sur les phénomènes. Il devient de bon aloi judicieux d'épingler le fait que, d'après son intention primaire qui est le retour aux choses elles-mêmes, il ne s'agit donc plus pour la phénoménologie, de considérer *in extenso* les purs phénomènes.

Cette approche ontologique, nous nous y sommes longuement arrêtés, pour autant qu'elle est venue comme pour doubler l'entreprise phénoménologique d'une vérité indubitable : la vérité réside non seulement dans ce qui apparaît, mais également dans ce qui est, de telle sorte qu'elle trouve son achèvement dans l'entre-deux, dans la transcendance de l'apparaître. C'est alors que toute métaphysique présocratique, médiévale, moderne et contemporaine requiert aussi, une dimension phénoménologique, en renonçant par le fait même, à être comme le pensait Heidegger, un « chemin de la pure pensée »[310], une philosophie de la transcendance ou alors « une philosophie de la philosophie »[311]

Le métaphysicien phénoménologue est, dans une telle optique, - c'est-à-dire dans l'optique d'une onto-phénoménologie- non plus un spectateur du drame des

---

[310] M, HEIDEGGER, *Acheminements vers la parole*, Tradition J. BAUFRET, Gallimard, Paris, 1976, p. 106, cf. Cahier de l'herne, Heidegger, Paris, 1983, pp. 23-27.
[311] E. Kant, *Opus Posthum*, Trad., J. GIBELIN, Vrin, Paris, 1950, pp. 44-45.

phénomènes et des êtres. Il n'est plus aussi et surtout un sujet transcendantal qui signe l'origine et la finalité des faits, sans vouloir composer avec eux.

Reconnaître à l'onto-phénoménologie, une fonction unificatrice de l'ontologie et de la phénoménologie, c'est exiger qu'elle s'étende à la fois plus haut et plus bas, afin de savoir à la fois discerner la réalité visible de la réalité invisible, le sensible de l'intelligible, en brisant le dualisme en vogue dans le schéma métaphysique, par un effort d'imbrication et d'unification, pour en découvrir l'entre-deux, pour découvrir ce que Michel Henry appelle une onto-phénoménologie de la vie, cette nouvelle philosophie de la vie manifestée dans la conscience et dans les phénomènes de vie concrète. Conjointement, le projet philosophique que retrace ce parcours est un prélude à un édifice philosophique qui essaie autant que possible, d'unifier les différents aspects de l'existence. Notre étude se présente en toutes ses parties, comme un dépassement risqué de la tradition idéaliste phénoménologique, représentée par Husserl ainsi que ses mutations contemporaines à travers Heidegger, Sartres et Merleau-Ponty. Elle n'a pas eu pour but de prôner la fin de la phénoménologie et de l'ontologie, mais bien au contraire, de poser les prolégomènes pour l'instauration d'un réalisme ontologique radical, parce qu'elle remonte jusqu'à la source qui donne vie à toute réalité visible ou invisible et qui, dans un certain sens est la vie même, dans son concept propre : La vie, quelle que soit son apparence, est une manifestation d'une transcendance invisible mais tout aussi incarnée. Et, justement, elle n'est qu'une manifestation de la transcendance, mais elle n'est pas la transcendance elle-même.

Visiblement, il découle de cette approche qui pense la vie sous forme d'une transcendance immanente et incarnée quelques retombées phénoménologiques qui s'appliquent à la vie. On en vient ainsi à remarquer que la critique de l'objectivisme galiléen et des idéologies scientistes, la dénonciation des formes politiques, médiatiques et culturelles de la barbarie moderne, l'affirmation de la primauté de l'individu vivant contre toute abstractions économiques, réifications techniques ou hypostases sociales, sont autant d'aspects qui s'appliquent à la vie. A ce titre, la vie est l'élément de prégnance incontournable dans le projet philosophique de Michel Henry. Cette réflexion globale sur la vie, a ainsi conduit Michel Henry à défendre sans ambages la vie dans toute sa plénitude. Plus encore, notre auteur s'est senti conduit à la célébration des valeurs de l'Etre absolu manifesté dans le langage, l'Art, la culture jusqu'à la vérité de la vie absolue portée par *les Paroles du Christ*, selon le titre de son dernier ouvrage.

A côté de cette dimension affective de la vie, nous pouvons découvrir, une autre facette dans le projet de Michel Henry : il s'agit de la réinterprétation de l'histoire de la philosophie, partant d'Eckhart jusqu'à Heidegger, en passant par Descartes, Spinoza, Maine de Biran, Kant, Hegel, Kierkegaard, Marx, Schopenhauer, Nietzsche et Husserl. Certes, nous n'avons pas pu analyser les liens qui unissent Michel Henry avec ces auteurs, mais il nous faut tout de même dire que ces auteurs ont tous, de façon explicite ou implicite, donné à Michel Henry des leviers pour penser les domaines divers de la *Lebenswelt et de la Lebenspraxis*, en l'occurrence la théologie, les sciences de l'homme et de la vie, la psychologie et la psychanalyse, l'économie politique, l'esthétique et la création artistique, l'éducation et la thérapie, l'éthique et la politique. Toutes ces disciplines sont autant des sphères sur lesquelles peuvent se focaliser une praxis métaphysique, car dans toutes ces sphères, ce dont il s'agit fondamentalement, c'est de la vie manifestée. Mais, on ne doit pas oublier que la totalité du réel est inobjectivable et inconnaissable, on doit rester conscient que la vie est irréductible à une sphère, parce qu'elle est *A-Pieron*, difficile à circonscrire dans un périmètre déterminé, difficile à saisir par notre entendement limité. Sur ce, nous avons fait l'option de nous focaliser sur le langage, en laissant les autres domaines de la *praxis* aux recherches qui voudront bien poursuivre, ce que nous avons modestement commencé…

BIBLIOGRAPHIE

DE MICHEL HENRY

Ouvrages

- MICHEL H., *L'Essence de la manifestation*, 2 volumes, Paris, PUF, 1963.
- ----------------, *Marx*. Tome I : *Une philosophie de la réalité* Tome II : *Une philosophie de l'économie*, Paris, Gallimard, 1976 (réédition, 1991).
- ----------------, *Généalogie de la psychanalyse. Le Commencement perdu*, Paris, PUF, 1985.
- ----------------, *La Barbarie*, Paris, Grasset, 1987.
- ----------------, *Voir l'invisible. Sur Kandinsky*, Paris, François Bourin. 1988.
- ----------------, *Phénoménologie matérielle*, Paris, PUF, 1990.
- ----------------, *Du communisme au capitalisme. Théorie d'une catastrophe*, Paris, Odile Jacob, 1990.
- ----------------, *C'est moi la vérité. Pour une philosophie du christianisme*, Paris. Seuil, 1996.
- ----------------, *Incarnation. Une philosophie de la chair*, Paris, Seuil, 2000.
- ----------------, *Parole du Christ*, Paris, Seuil, 2002.
- ----------------, *Auto-donation. Entretiens et conférences*, Paris/Montpelier, Prétentaine, 2002. Repris éd. Beauchesne, 2004.
- ----------------, *Le Bonheur de Spinoza*, Paris, PUF, 2003.
- ----------------, *Phénoménologie de la vie*. Tome I : *De la phénoménologie* ; Paris, PUF, 2003.
- ----------------, *Phénoménologie de la vie*. Tome I : *De la subjectivité*, Paris, PUF, 2003.
- ----------------, *Phénoménologie de la vie*. Tome I : *De l'art et du politique*, Paris, PUF, 2003.
- ----------------, *Phénoménologie de la vie*. Tome I : *Ethique et religion.*, Paris, PUF, 2003.

Articles

- MICHEL H., « e bonheur chez Spinoza », *in Revue d'Histoire de la Philosophie et d'histoire générale de la Civilisation*, 39 et 41, juillet- décembre 1944, pp. 67-100 janvier-mars 1946 pp.187-225.
- ----------------, « Le concept d'âme a-t-il un sens ? », *in Revue philosophique de Louvain*, 67, 1966, pp. 5-33.
- ----------------, « La critique de la religion et le concept de genre dans l'essence du christianisme » in *Revue internationale de Philosophie*, 101 (« Feuerbach »), 1972, pp.386-404.

* --------------, « Le concept de l'être comme production » *in Revue philosophique de Louvain*, 73, 1975, pp. 79-107.

* --------------, « Phénoménologie de La conscience et phénoménologie de La vie », *in* G.-B. Madîson (dir.), *Sens et existence*, en hommage à Paul Ricœur, Paris, Seuil, 1975, pp. 128-151.

* --------------, « Karl Marx : un philosophe de la vie ? », *in Le Monde*, 16 avril 1976.

* --------------, « Qu'est-ce que ce que nous appelons la vie ? » *In Philosophiques*, Montréal, 1, 1978, pp. 133-150.

* --------------, « sur l'ego et le cogito » *in* J.L. Marion (dir.), *La passion de la raison. Hommage à Ferdinand Alquié*, Paris, PUF, 1983, pp. 97-112.

* --------------, « Le cogito et l'idée de la phénoménologie » *in* Cartesiana, 3, Osaka, 1984, pp. 1-15.

* --------------, « La Question de la vie et de la culture dans la perspective d'une phénoménologie radicale », *in Symposium Hannah Arendt*, New York, New School, for Social Research, 1985.

* --------------, « L'éthique et la crise de la culture contemporaine », *in Urgence de la philosophie*, Québec, Les Presses de l'Université de Laval, 1986.

* --------------, « Le monde de la technique », *in Le Figaro, 1987*.

* --------------, " Phénoménologie hylétique et phénoménologie matérielle", *in Philosophie*, 15, 1987, pp. 55-96.

* --------------, « Le monde moderne: un savoir sans culture », entretien, *in Aurore*, février 1987.

* --------------, « Représentation et auto-affection », *in Communio*, 3, 1988, pp. 77-96.

* --------------, « Théodicée dans la perspective d'une phénoménologie radicale", in Archivio di Filosofia, 1-3, 1988, pp. 383-393.

* --------------, « Vers la barbarie » *in Krisis,* 1 ("Culture?"), 1988, pp. 40-49.

* --------------, « Descartes et la question de la technique", in N. Grirmaldi et J.-L. Marion (dir.), *Le Discours et sa méthode. Colloque pour le 350ème Anniversaire du " Discours de la méthode",* Paris, PUF, 1988, pp. 285-301.

* --------------, « Une pensée de la vie », entretien avec R. Vaschalde, *in Impressions du Sud, 17*, 1988 pp. 82-83.

* --------------, *« Pierre Magré* : peindre l'invisible », Poitiers, Diane Grimaldi, 1989.

* --------------, « La peinture abstraite et le cosmos », *in Le Nouveau Commerce*, 73 74, 1989, pp.37-52.

* --------------, « La vie et la république », *in Revue de l'Enseignement philosophique*, 3. 1989, pp. 148-160.

* --------------, «Ce que la Science ne sait pas », *in La Recherche*, 208, 1989, pp. 422 426.

* --------------, «Philosophie et subjectivité », in A. Jacob (dir.), *Encyclopédie Philosophique Universelle. Vol. I: L'Univers Philosophique*, Paris, PUF 1989, pp. 46-56.

* --------------, « La critique du sujet, » *in Cahiers confrontation*, 20, 1989, pp. 141-152. - " Sur la parole de Nietzsche. Nous les bons, les beaux, les heureux. ", *in The Graduate Philosophy Journal*, New York, New School, 1989.

* --------------, « Acheminement vers La question de Dieu » : preuve de l'être ou épreuve de la vie ", *in Archivio di Filosofia*, 1-3, 1990, pp 521-530.

• --------------, « "Quatre principes de la phénoménologie », *in Revue de Métaphysique et de Morale*, 1 (" A propos de Réduction et donation de Jean-Luc Marion "). janvier-mars 1991 pp. 3-26.

• --------------, « Phénoménologie et psychanalyse », *in* P. Fédida et J. Schotte (dir.). *Psichianie ei existence*, Grenoble, Jérôme Millon, 1991, pp. 101-115.

• --------------, «Narrer le pathos », entretien avec M. Gruber, *in Revue* des sciences *humaines*, i ("Narrer. L'art et la manière "), 1991, pp. 49-65.

• --------------, « Le cogito et l'idée de phénoménologie », in J.-L Vieillari-Baron (dir.)...1102r *de Descartes, le problème de l'âme et du dualisme*, Paris, Vrin. 1991.

• --------------, « Un philosophe de la vie », entretien avec R Vaschalde, iz U13 *Internatio*nal, 4, 1991.

• --------------, «Penser philosophiquement l'argent », *in* Comment renser igen? (textes réunis et présentés par R.-P. Droit), Paris, Le Monde Editions. 1992. pp. 3-9.

• --------------, « La parole de Dieu. Une approche phénoménologique, in *Archivio de Filosofia*, 60, 1992, pp. 157- 163.

• --------------, « Une philosophie de la vie », entretien avec Th. Dermy, *in Lettres philoso*phiques, 6,1992, pp. 43-54.

• --------------, « L'invisible et la révélation », entretien avec S. Labrusse *in Autrem*ent. 12 (" La curiosité. Vertiges du savoir "), Paris, Autrement, 1993, pp. 79-97.

• --------------, « La Vie », *in Actes du XXIVème Congrès International de l'Association des Sociétés de Philosophie de Langue française* (" La Vie, La Mort"), Poitiers, 1992, pp. 45-51.

• --------------, « Réinventer la culture », *in Le Monde des débats*, septembre 1993.

• --------------, « La signification ontologique cie la critique de la connaissance chez Maître Eckhart », *in E.*zum Brunn (dir.), *Voici Maître Eckhart*, Grenoble, Jérôme Millon, 1994, pp. 175-186.

• --------------, « Phénoménologie de la naissance » *in Alter*, 2 ('"Temporalité et affection »), 1994, pp. 295-312.

• --------------, « Qu'est-ce qu'une révélation ?», *in Archivio de Filosofia*, 62, 1-3, 1994, pp. 51-57.

• --------------, « Le corps vivant », *in Cahiers de l'Ecole des sciences philosophiques et religieuses*, 18 (" Le corps : sujet ou objet ? ")1, 1995, pp. 71-97.

• --------------, «Phénoménologie non intentionnelle : une tâche de la phénoménologie à venir », *in* D. Janicaud (dir.), *L'Intentionnalité en question. Entre phénoménologie et recherches cognitive*s, Paris, Vrin, 1995, pp. 383-397.

• --------------, « Seul un Dieu vivant peut encore nous sauver »> *in Splendeur du Carmel*, 8,1995, pp. 1-2.

• --------------, « Ethique et religion dans une phénoménologie de La vie », *in Archivio di Filosofia*, 64, 1996, pp. 89-97.

• --------------, « L'ontologie de Kierkegaard », avec K. E. Logstrup, *in Annales de Philosophie, 17*, Beyrouth, Université Saint-Joseph, 1996, pp. 1-13.*

• --------------, « Art et phénoménologie de la vie », entretien avec M. Uhl et J.-M. Brohm, *in Prétentaine*, 6 (" Esthétiques "), 1996, pp. 27-43.*

• --------------, « Kandinsky et la signification de l'œuvre d'art », in Prétentaine, 6 ("Esthétiques"), 1996, pp. 129- 141.

* ----------------, « Le commencement cartésien et l'idée de la phénoménologie », *in Lire Descartes aujourd'hui*, Louvain, Peeters, 1997.

* ----------------, « Une approche phénoménologique du Christianisme », *in Études*, octobre 1997, pp.349-357.

* ----------------, « La Crise du monde actuel comme oubli de la vie », *in Philagora*, site Internet, www.*philagora.net*, 1998.

* ----------------, « Philosophie et phénoménologie », *in J.*-F. Mattei (dir.), *Encyclopédie Philosophique Universelle*. Vol. IV : Le Discours Philosophique, Paris, PUF, 1998, pp. 1873-1880.

* ----------------, «L'incarnation dans une phénoménologie radicale », *in Archivo di Filosofia*, 19, 1999, pp. 19-26.

* ----------------, « Ethique et religion dans une phénoménologie de la vie », *in Archivio di Filosophia*, 19, 1999.

* ----------------, « Le corps vivant », *in Prétenlaine*, 12-13 (" Corps "), 2000, pp. 13-35.

* ----------------, « L'expérience d'autrui : phénoménologie et théologie ", *in Archivio di Filosofia*, 19, 1999.

* ----------------, « Incarnation », *in Communio, XX*V, 6, 2000.

* ----------------, « Phénoménologie matérielle et langage (ou Pathos et langage) ", *in A. David et J.Greisch (dir.), Michel Henry, l'épreuve de la vie*, Paris, Cerf, 2001, pp. 15-37.

* ----------------, « Une philosophie de la vie, une philosophie pour les vivants », entretien avec R. Vaschalde, *in Septimanie*, 6, 2001.

* ----------------, « La vie se révèle dans l'immanence radicale de son pur pathos », *in Magazine littéraire*, 403, 2001.

* ----------------, « Phénoménologie de La vie », *in Prétentaine*, 14-15 (" Le Vivant"), 2001, pp. 11-27.

* ----------------, « Pour une phénoménologie de la vie », *in Le Journal des Grandes Ecoles*, *juin-juillet-août 2001*, pp. 46-47.

* ----------------, «Phénoménologie de la chair Philosophie, théologie, exégèse », *in P.Capelle (dir.), Philosophie & Théologie*.

SUR MICHEL HENRY

Ouvrages

* AKENDA J-C., « Philosophie et problème du Christianisme africain. Pour une philosophie africaine de la vie », Kinshasa, Faculté catholique de Kinshasa, 2007.

* BARBARAS R., *De la phénoménologie du corps à l'ontologie de la chair. Michel Henry, M. Merleau-Ponty, Le Corps*. Paris, Vrin, 1992. p. 242-280.

* ----------------, *Le sens de l'auto-affection chez Michel Henry et Merleau-Ponty*, Epokhé, 1991.

* DUFFOUR-KOWALSKIA G., *Michel Henry, Une philosphie de la vie et de la praxis*, Vrin, 1980.

- SEBBAH, F-D., *L'épreuve de la limite. Derrida, Henry, Levinas et la phénoménologie*, Paris, 2001.

Articles

- COLETTE, J., « Essence de la manifestation », *Revue des sciences philosophique et théologique, 1967*(51), p.39-52.
- DAVID. A., *Michel Henry, l'épreuve de la Vie. Actes du Colloque de Cerisy de 1996*. Paris, Cerf, 2001.
- DEPRAZ, N., « Michel Henry, phénoménologie Matérielle ». *Revue de métaphysique et de morale*, 1994, p. 105-108.
- Etudes phénoménologiques, 2004 : « Commencer par la phénoménologie hylétique ? », *Actes du colloque tenu à l'université de Liège les 14 et 15 juin*, 2002.
- ------------------, « Le statut de réduction chez Michel Henry, Retrouver la vie oubliée. *Critique et perspectives de la philosophie de Michel Henry*, Namur, Presses universitaires de Namur, 2000.
- GABELLIER, E« de la métaphysique à la phénoménologie : une relève », *Revue philosophique de Louvain*, 1996 (4), p.625-645.
- GROSOS Ph. « L'autre et l'immanence. Etude comparée sur l'ontologie de Michel Henry et d'Emanuel Levinas », *Revue de métaphysique et de morale*, 1989 (94), p.251-272.
- HAAR, M., « Michel Henry entre phénoménologie et métaphysique », Philosophie, 1987. (15), p.30-50.
- LACROIX J., « Une philosophie du sentiment. Michel Henry », *In Panorama de Philosophie française contemporaine*, Paris, PUF, 1966, p. 161-167.
- LAREAUX S, « Corps et dualisme chez Michel Henry » Annales de Philosophie. Université Saint-Joseph, Beyrouth, 1999 (20), p. 1-16.
- LONGNEAUX J-M., *Retrouver la vie oubliée. Critique et perspectives de la philosophie de Michel Henry*, Namur, Presses universitaires de Namur, 2000.
- ------------------, « En quête d'une métaphysique phénoménologique », Cerf, Paris, 2001.
- ------------------, « D'une philosophie de la transcendance à une philosophie de l'immanence », *Revue philosophique de la France et de l'étranger*, 2001 (3), p.305-319.
- ------------------, « Quel type d'apparaître pour l'épreuve de soi ? Michel Henry et la question du transcendantal », *Etudes Phénoménologiques* (Acte du colloque. Commencer par la phénoménologie hylétique ? Tenu les 14 et le 15 juin 2002 à l'Université de Liège. 2004 (1). p.227-249.
- POREE J, « Le temps du souffrir », *Archive de philosophie*, 1991 (54), p.213-240.
- YAMAGATA Y; « Une lecture de l'Essence de la manifestation : immanence, présent vivant et altérité », *Etudes Philosophique de Louvain*, 1966. (64), p.436-457.
- --------------------, « Phénoménologie et métaphysique », Critique, 1993 (1), p.56-73.
- SABBAH F-D, « Naître à la Vie, Naître à soi-même. A propos de la notion de la naissance chez Michel Henry, In *Michel Henry, l'épreuve de la vie*, Paris, Cerf, 2001, p.95-116.

AUTRES OUVRAGES

- ARISTOTE, *Métaphysique*, A 3,983 b, DK 11 A
- AZOUVI, F., *Maine Biran, la Science de l'homme*, Paris Vrin, 1995.
- BENOIST J., *Autour de Husserl. L'égo et la raison*, Paris, Vrin, 1994.
- BERNET, *La vie du sujet. Recherche sur l'interprétation de Husserl dans la phénoménologie*, Paris, PUF, 1194.
- BUAIRE, C, *Schelling ou la Quête du secret de l'être*, Segehers, 1970.
- -----------, *Affirmation de Dieu, essai sur la logique de l'existence*, le Seuil, 1964
- -----------, *La raison Politique*, Aubier, 1974.
- -----------, *Pour la Métaphysique*, Paris, Fayard, 1980.
- CHAPELLE, Ph., *Philosophie et théologie dans la pensée de Martin Heidegger*, Paris, Ed. du Cerf, 1998.
- COURTINE, J-F., *Heidegger et la phénoménologie*, Paris, Vrin, 1990.
- DERRIDA, J., *Le problème de la genèse dans la philosophie* de Husserl, 1953-1954, Paris, PUF, 1990.
- DIOGENE L, *Vies et œuvres des philosophes illustres*, IX, DK 22 B40-41
- -----------------, *Ecriture et différence*, Paris, Seuil, 1967.
- -----------------, *Le toucher, Jean-Luc Nancy*, Paris, Galilée, 2000.
- EMPIRICUS, S, *Contre les mathématiciens VII*, 111-114, DK 28 B
- GILBERT, P *Métaphysique*, Institut de Philosophie saint Pierre Canisius.
- GIOVANNANGELI D., *Fiction de l'être. Lecture de la philosophie moderne.* Bruxelles, De boeck, 1990.
- HEGEL, G.W, *L'Esprit du Christianisme* et son destin Paris, Vrin, 1948.
- -------------------, Phénoménologie *de l'Esprit*, Trad. J. Hyppolite, Paris. Aubier, 1948.
- HEIDEGGER, M., *Kant et le problème de la métaphysique*, Paris Gallimard, 1953.
- ------------------, *Sein und Zeit*, Niemeyer, Halle, 1941.
- ------------------, *L'Essence du fondement, Qu'est-ce que la métaphysique*, Paris, Gallimard, 1945.
- HUSSERL, E., *Idées directrices pour une phénoménologie*, Trad. P. Ricoeur, Paris Gallimard, 1950.
- ------------------, *Leçons pour une phénoménologie de la conscience intime du temps.* Paris, PUF, 1964.
- ------------------, *Méditations cartésiennes*, trad. G. Peiffer et E. Levinas, Paris, Vrin, 1947.
- JUSZEZAK J., *Eloge de la métaphysique*, Paris, Sedes, 1985.
- ------------------, *Idée de la phénoménologie*, Paris, Beauchesne, 2001.
- KANT, E. *Critique de la raison pure*, Paris, PUF, 1937.
- KIERKEGAARD, *Traité de désespoir*, Tradit K. Ferlov et J. GATEAU, Paris, Gallimard, 1949.
- MARION, J-L.. *Dieu sans l'être*, Paris, Fayard, 1982. PUF, 2002.
- --------------, *Réduction et donation*, Recherche sur Husserl, Heidegger, et la phénoménologie, Paris, PUF, 1989.
- --------------, *Etant donné*, Essai d'une phénoménologie de la donation, Paris, PUF. 2001 ;

- MERLEAU-PONTY M., *Phénoménologie de la perception*, Paris, Gallimard, 1945.
- -------------------------------, *Le visible et l'invisible*, Paris, Gallimard, 1964.
- MEYER M., *Pour une histoire de l'ontologie*, Paris, PUF, 1999.
- RICOEUR, P. *A l'école de la phénoménologie*, Paris, Vrin, 1986.
- SARTRE, J, P, *L'être et le néant*, Paris, Gallimard, 1943.
- --------------, *La transcendance de l'Ego*, Paris, Vrin, 1936.
- SCHELLING, *Système de l'idéalisme transcendantal*, Trad. P.GRIMBLOT, Paris, Ladrange, 1842.
- SERON D, *Le problème de la métaphysique*, Bruxelles, Ouia, 2001.
- SCHELER, *Le sens de la souffrance*, trad. P. Klossowski, Aubier, Paris, 1944.
- TILLIETTE X., *La révélation de l'essence*, Notes sur la philosophie de Michel Henry. In AA W. Manifestation et révélation, Paris, Edition Beauchesne, 1976.
- THEVENEZ, P, « Qu'est-ce que la phénoménologie », *in* revue de Théologie et de Philosophie de Louvain, Tome II, 1952.